古人如何修身治世

中华书局月读编辑部　编

新世界出版社

图书在版编目（CIP）数据

为政以德：古人如何修身治世 / 中华书局月读编辑部编. -- 北京：新世界出版社，2024.5
ISBN 978-7-5104-7689-1

Ⅰ. ①为… Ⅱ. ①中… Ⅲ. ①政治制度史－研究－中国－古代 Ⅳ. ①D691.2

中国国家版本馆CIP数据核字（2024）第013083号

为政以德：古人如何修身治世

作　　者：中华书局月读编辑部
责任编辑：张晓翠
责任校对：宣　慧　张杰楠
责任印制：王宝根
出版发行：新世界出版社
网　　址：http://www.nwp.com.cn
社　　址：北京西城区百万庄大街24号（100037）
发 行 部：（010）6899 5968（电话）　（010）6899 0635（电话）
总 编 室：（010）6899 5424（电话）　（010）6832 6679（传真）
版 权 部：+8610 6899 6306（电话）　nwpcd@sina.com（电邮）
印　　刷：天津中印联印务有限公司
经　　销：新华书店
开　　本：710mm × 1000mm　1/16　尺寸：165mm × 230mm
字　　数：189千字　印张：13.75
版　　次：2024年5月第1版　2024年5月第1次印刷
书　　号：ISBN 978-7-5104-7689-1
定　　价：52.00元

目录

001 | 官德修养
001 | 君子的品德
002 | 寇凖为官气度过人
004 | “热官”须“冷做”
005 | 官箴辑要

007 | 忠诚
007 | 做良臣不做忠臣
009 | 晁错论（节选）
010 | 官箴辑要

012 | 自律
012 | 诚其意，毋自欺
013 | 暗室不欺
015 | 君子慎独论（节选）
017 | 官箴辑要

019 | 宽容
019 | 秦缪公亡马
020 | 陈寔宽恕“梁上君子”
022 | 夏原吉待人宽容有雅量
023 | 官箴辑要

026 | 谦虚谨慎
026 | 常谦常惧　日慎一日

027 | 出言须慎　自傲蒙辱
029 | 谦让有礼　官高不傲
030 | 官箴辑要

033 | 亲民爱民
033 | 颜回巧喻爱民
035 | 卫懿公爱鹤失民
036 | 三君子修政恤民
038 | 官箴辑要

040 | 重视民情
040 | 周厉王与民争利
041 | 齐桓公微服私访
043 | 陆在新察民疾苦
045 | 官箴辑要

047 | 民生情怀
047 | 唐太宗拒建台阁
048 | 上行下效　变奢从俭
050 | “富国”先“富民”
051 | 官箴辑要

053 | 民生问题
053 | 民生思想古今谈
055 | 古代改革中的民生问题
058 | 历史上九大亲民官

062 | 克勤克俭
062 | 力而俭者富
063 | 戒奢尚俭
065 | 元宫“誓俭草”
066 | 官箴辑要

068 | 勤俭节约
068 | 季文子论俭
070 | 王安石待客
071 | 清廉第一于成龙
073 | 官箴辑要

075 | 清正廉洁
075 | 不收礼，更不送礼
076 | 徐均拒收贿赂
078 | 送礼者与受礼者一并从重治罪
079 | 官箴辑要

082 | 反腐倡廉
082 | 田母教子
083 | 顾协拒贿
085 | 洪武惩贪
087 | 官箴辑要

089 | 贪官误国
089 | 贪官始祖羊舌鲋
091 | 宋太祖严惩贪吏
093 | 古代九大著名贪官

096 | 人情交往
096 | 柳僧习拒权贵请托
097 | 为官交友须慎重
098 | 左宗棠不因人情选才
100 | 官箴辑要

102 | 言传身教
102 | 有爱更要有教
103 | 纪晓岚教子“四戒四宜”

104 | 世家子弟应戒骄戒奢
106 | 官箴辑要

108 | 开言纳谏
108 | 言者无罪　闻者足戒
109 | 开言路以成天下
111 | 官箴辑要

113 | 改革创新
113 | 智者不安于故习
114 | 发行交子　惠及民生
116 | 改革税制以革贪渎之弊
117 | 官箴辑要

119 | 团结协作
119 | 将相协力
120 | 同心对敌
122 | 官箴辑要

124 | 因时制宜
124 | 光武帝精简机构
125 | 唐太宗裁汰冗官
127 | 张居正变法增效
128 | 官箴辑要

131 | 善抓根本
131 | 赵威后匡正本末
132 | 张良陈情献策
134 | 张巡擒贼擒王
136 | 官箴辑要

138 | 果决公正
138 | 何武秉公治吏
140 | 郑辰访间察情
141 | 裴维侒纠弹巨贪
143 | 官箴辑要

145 | 言行如一
145 | 汉高帝纳言践行
147 | 汉武帝罪己改过
148 | 晋灵公知行不一
150 | 官箴辑要

152 | 讲求实效
152 | 梁元帝清谈误国
153 | 范仲淹亲力务实
155 | 雍正帝敦尚实政
157 | 官箴辑要

159 | 不务虚名
159 | 齐宣王贪名好谀
160 | 隋文帝注重实政
162 | 康熙帝屡拒尊号
164 | 官箴辑要

166 | 选人用人
166 | 依法选人得真才
167 | 诸葛亮识才荐蒋琬
169 | 官箴辑要

171 | 官员考核
171 | 古代如何考核官员
173 | 吴履勤政爱民得升迁
175 | 陈廷敬提拔清廉之臣

177 | 古人论为官
177 | 孔子论为官
180 | 孟子论为官
183 | 管仲论为官
186 | 董仲舒论为官
189 | 诸葛亮论为官
192 | 魏徵论为官
195 | 王安石论为官
197 | 苏轼论为官
200 | 朱熹论为官
203 | 王阳明论为官
207 | 林则徐论为官
211 | 曾国藩论为官

官德修养

君子的品德

《管子·小问》

桓公放春[①]，三月观于野。桓公曰：“何物可比于君子之德乎？”隰朋对曰[②]：“夫粟[③]，内甲以处，中有卷城[④]，外有兵刃，未敢自恃，自命曰粟，此其可比于君子之德乎？”管仲曰：“苗，始其少也，眴眴乎何其孺子也[⑤]！至其壮也，庄庄乎何其士也！至其成也，由由乎兹俛，何其君子也[⑥]！天下得之则安，不得则危，故命之曰禾[⑦]。此其可比于君子之德矣。”桓公曰：“善。”

【注释】

① 桓公：指春秋时期的齐桓公。放春：春游。

② 隰（xí）朋：齐国大夫。与管仲、鲍叔牙等人共同辅佐齐桓公，使齐国大治。

③ 粟：小米。后面“自命为粟”的“粟”，取其谐音“肃”，谨慎的意思。

④ 卷（juàn）城：用围墙围起来的城。

⑤ 眴（shùn）眴：柔顺的样子。

⑥ 由由：油油的样子。 兹俛（fǔ）：指禾苗的穗成熟后更加俯首向根，比喻君子不忘根本。兹，更；俛，同“俯”。

⑦ 禾：谐“和”的音。

【译文】

桓公春游，三月在野外观赏。桓公问：“什么东西可以与君子的品德相比呢？”隰朋回答说：“粟粒，它身在甲胄（谷皮）之内，中间有卷城（外壳）维护，外面有尖锐的兵刃（谷芒），但仍不敢自恃强大，谦虚地自称为粟（肃）。这大概可以与君子的品德相比吧？”管仲说：“禾苗，开始生长时，柔嫩和顺多么像个孺子！到它壮大时，庄重的样子多么像个武士！等到成熟时，油油然谦和地俯首向根，多么像个君子！天下有了它就安定，没有它就危险，所以称它为禾（和）。这可以同君子的品德相比了吧。”桓公说：“好！”

【点评】

这段对话是齐桓公和隰朋、管仲讨论君子的品德。隰朋将君子品德比喻成粟，在他眼里粟有着谦虚、谨慎的品格；而管仲将君子的品德比喻成禾苗，在他看来禾苗生长的不同阶段凸显着不同的品质，从柔顺到庄重再到谦逊俯首，而君子正是集这些品质于一身的人。

在中国传统文化中，道德修养占有极其重要的地位。古人讲“修身、齐家、治国、平天下”，“修身”的第一步就是“修德”。如果将一个人的事业比喻成一座高楼大厦，那么他的道德修养就是大厦的根基；若根基不牢固，大厦终将倾覆。“做事先做人”，讲的就是这个道理。

寇準[①]为官气度过人

《宋史·寇準传》

初，张咏在成都[②]，闻準入相，谓其僚属曰：“寇公奇材，惜学术不足尔。”及準出陕[③]，咏适自成都罢还，準严供帐[④]，大为具待[⑤]。咏将去，準送之郊，问曰：“何以教準？”咏徐曰：“《霍光传》不可不读也。”準莫谕其意[⑥]，归取其传读之，至“不学无术”，笑曰：“此张公谓我矣。”

【注释】

①寇準：北宋政治家，景德年间任宰相。

②张咏：北宋时期名臣。

③陕：陕州，即今河南三门峡陕县。

④严：敬重。供帐：设宴。

⑤具：备办。

⑥谕：同“喻”，明白，理解。

【译文】

起初，张咏在成都做官，听说寇準做了丞相，就对自己的同僚说：“寇準是难得的人才，只可惜他学问知识不够啊。”等到寇準到陕州做官的时候，正赶上张咏从成都被罢官回来，寇準很恭敬地设宴款待张咏。张咏要走的时候，寇準一直将他送到郊外，并问道：“您有什么可以教导我的吗？”张咏慢慢地说：“《霍光传》不能不看啊。”寇準没有领会他的意思，回去以后便拿出《霍光传》来读，读到里面有“不学无术”这句话的时候，笑着说：“这是张先生在说我啊！”

【点评】

俗话说“宰相肚里能撑船”，这句话用在寇準身上再合适不过了。寇準以其恢宏的气度，赢得了后人的敬仰。

关于“气度”，《庄子·逍遥游》中讲到一个故事：“水之积也不厚，则其负大舟也无力。覆杯水于坳堂之上，则芥为之舟，置杯焉则胶，水浅而舟大也。”短短两句话，却蕴含着“有容乃大”的道理。在弄堂的低洼处倒一杯水，将一株小草放于水上，它能够像船一样漂浮；但如果将一个杯子放于水上，它就不动了。同样，万吨巨轮能够在大海里航行，是因为相对于大海，巨轮就如同置于低洼中的小草。这一切都取决于容量大小的问题，而“容量大小”指的就是气度。

当今社会，一个人的气度大小，往往代表其素质修养的高低。古往今来，成大功、立大业的人，都有着像大海一样宏大、包容的胸怀和气度。

“热官”须“冷做”[①]

〔明〕沈鲤

大抵盛极则衰，月满则亏，日中则昃[②]，一定之理。惟有自处退步[③]，不张气焰，不过享用，不作威福，虽处盛时，可以保守[④]。近者江陵张老先生[⑤]，一败涂地，只为其荣宠至极，而不能自抑，反张气焰，以致有此，可为明鉴。我今虽做热官[⑥]，自处常在冷处，必不肯多积财货，广置田宅，使身终之日，留下争端，自取辱名。

【注释】

① 本文选自《池北偶谈》卷7《沈文端公家书》(沈鲤死后谥号文端)。

② 日中则昃（zè）：太阳到了正午就要偏西。比喻事物发展到一定程度，就会向相反的方向转化。昃，太阳偏西。

③ 退步：为以后留下余地。

④ 保守：保住、保持，使不失去。

⑤ 江陵张老先生：指与沈鲤同朝为官的内阁首辅张居正。因其祖籍湖广江陵(今属湖北)，所以又被称为张江陵。

⑥ 热官：权势显赫的官员。

【译文】

一般来说，当事物达到鼎盛的时候就开始走向衰落了，当月亮达到最圆的时候就逐渐缺损了，当太阳到了正午的时候就要偏西了，这是固定不变的道理。只有给自己留下后退的余地，不彰显威风，不过度享用，不作威作福，这样即使处在最鼎盛的时候，也可以保住自己的所得。近来，江陵张老先生一败涂地，就是因为他在荣耀和恩宠达到了极点时，不能自我控制，反而彰显威风，才到达如此地步，这是一个值得后人借鉴的例子。如今，我虽是权势显赫的官员，但我自己常常保持冷静，绝不肯大量地积攒财物，广泛地购置田宅，以免让自己死后留下争端，自取其辱。

【点评】

这段文字节选自沈鲤寄给儿子的一封家书。沈鲤（1531—1615）是明代万历年间的著名政治家和学者，归德（今河南商丘）人。他一生为人刚介正直，为官清正廉洁，有“乾坤正气，伊洛真儒”的美誉。

这封家书集中体现了沈鲤的为官做人之道，特别是他关于“热官冷做”的观点，至今仍有借鉴意义。

所谓“热官”指的是权势显赫的官员。所谓“冷做”，清代学者徐珂的《清稗类钞》中记载：“龚暗斋丽正值枢垣，不以奔竞趋走为事，故曰冷做。”龚丽正是晚清著名诗人龚自珍的父亲，号暗斋。此处说他虽身处军机处要职，却不为追求名利而奔走，这就叫“冷做”。因此，“冷做”一词可理解为兢兢业业，恪尽职守，保持节操。“热官冷做”就是要求身处高位、执掌大权的官员在工作中淡泊名利，宠辱不惊，切忌心气浮躁，耀武扬威。

官箴辑要

夫孝，德之本也，教之所由生也。——《孝经·开宗明义章》

【大意】 孝是一切道德的根本，所有品行的教化都是由孝行派生出来的。

富与贵，是人之所欲也；不以其道得之，不处也。贫与贱，是人之所恶也；不以其道得之，不去也。——《论语·里仁》

【大意】财富和权贵，是人人都向往的；但如果不是用正当的方式去得到它，君子是不去享有的。贫困和卑贱，是人人都厌恶的；但如果不是用正当的方法摆脱它，君子是不会摆脱的。

能吏寻常见，公廉第一难。——〔金〕元好问《遗山集·薛明府去思口号》

【大意】有本事的官吏经常可以看到，但能做到公正廉明就非常难了。

事君笃而不显；与人共而不骄；势避其所争；功藏于无名；事止于能去；言删其无用；以守独避人；以清费廉取。——清朝著名清官孙嘉淦的“居官八约”

【大意】对国君忠诚而不自我炫耀；对同僚尊重而不自高自大；不争权夺势；不追逐功名；办事务求兴利除弊；说话务求简明扼要；不结党营私；勤俭节约、艰苦奋斗以保持清正廉明。

忠诚

做良臣不做忠臣

《新唐书·魏徵传》

左右有毁徵阿党亲戚者，帝使温彦博按讯[①]，非是。彦博曰："徵为人臣，不能著形迹，远嫌疑，而被飞谤，是宜责也。"帝谓彦博行让徵。徵见帝，谢曰："臣闻君臣同心，是谓一体，岂有置至公，事形迹？若上下共由兹路，邦之兴丧未可知也。"帝矍然，曰："吾悟之矣！"徵顿首曰："愿陛下俾臣为良臣，毋俾臣为忠臣。"帝曰："忠、良异乎？"曰："良臣，稷、契、咎陶也[②]；忠臣，龙逄、比干也[③]。良臣，身荷美名，君都显号，子孙傅承，流祚无疆；忠臣，己婴祸诛，君陷昏恶，丧国夷家，只取空名。此其异也。"帝曰："善。"

【注释】

① 温彦博（574—637）：唐初名相，死后获得陪葬昭陵（唐太宗的陵墓）的殊荣。

② 稷：即后稷，周朝祖先，曾在尧舜时代当农官。契（xiè）：商朝的祖先，帮助大禹治水有功。咎陶：即皋陶（yáo），虞舜时期的司法官。

③ 龙逄（páng）：即关龙逄，夏代末年大臣，当时夏桀荒淫无道，关龙逄常进行直谏，后夏桀以"妖言犯上"为罪，将他囚禁杀死。比干：商朝末年大臣，当时商纣王昏庸无道，比干冒死进谏，终被纣王所杀。

【大意】

有人告发魏徵偏袒自己的亲属。唐太宗李世民派温彦博前去调查，经验证并无此事。温彦博说："魏徵作为大臣在言谈举止上无拘无束，不能避免嫌疑，以致被流言蜚语所毁谤，应该对他进行责罚。"于是，李世民让温彦博去责备魏徵。魏徵急忙觐见皇帝，并认错道："我听说君臣彼此同心同德，才能上下一体地治理国家。哪有不讲秉公办事，只讲远避嫌疑的？如果君臣上下都遵从了这一条令，那么，国家的兴衰就很难预料了。"唐太宗听后很惊讶，说："我明白了。"魏徵叩拜说："希望陛下让我成为良臣，而不要让我成为忠臣。"唐太宗问："忠和良有区别吗？"魏徵答道："后稷、契、皋陶，是良臣；龙逄、比干，是忠臣。良臣使自己身获美名，使君主成为明君，子孙相继，福禄无疆；忠臣使自己身受杀戮，使君主沦为暴君，家国并丧，空有其名。这是二者的差别。"太宗皇帝点头称是。

【点评】

"俾臣为良臣，毋俾臣为忠臣"，这番言论乍听很有颠覆性，却体现了魏徵的"忠诚观"。

在魏徵看来，当时社会上所赞扬的"忠臣"如关龙逄、比干等，在面对危机时只知一味蛮干、面折廷争，最后落得人身死、社稷亡的下场，这实在是"愚忠"，并非真正的"忠臣"。真正"忠臣"的形象应该是不仅能把握进谏的时机，有敢于劝谏的勇气，更能通过自己的智慧和能力使君主英明、黎民安康。魏徵称这样的人为"良臣"。

其实，"良臣"可以理解为"忠臣"与"能臣"的合体，魏徵一心愿做"良臣"，不仅体现了他对中国古代封建社会中臣子历史责任的真知灼见，也表达了他作为人臣的理想和远大抱负。

晁错论（节选）

〔宋〕苏轼

昔者晁错尽忠为汉，谋弱山东之诸侯，山东诸侯并起，以诛错为名；而天子不以察，以错为之说。天下悲错之以忠而受祸，不知有以取之也。

古之立大事者，不惟有超世之才，亦必有坚忍不拔之志。昔禹之治水，凿龙门，决大河而放之海。方其功之未成也，盖亦有溃冒冲突可畏之患；惟能前知其当然，事至不惧，而徐为之图，是以得至于成功。

夫以七国之强，而骤削之，其为变，岂足怪哉？错不于此时捐其身，为天下当大难之冲，而制吴楚之命，乃为自全之计，欲使天子自将而己居守。且夫发七国之难者，谁乎？己欲求其名，安所逃其患。以自将之至危，与居守至安；己为难首，择其至安，而遣天子以其至危，此忠臣义士所以愤惋而不平者也。

【大意】

当初晁错竭尽忠心为汉朝出力，谋划削弱山东诸侯王势力。山东诸侯王乘机联合起兵，借清君侧杀晁错的名义反叛朝廷。然而汉景帝不明察，以杀晁错的方法向各诸侯王解释。天下人都悲叹晁错因为尽忠朝廷而遭杀身之祸，却不知晁错也有自取其祸的地方。

古时能够建立宏大功业的人，不应当仅仅具有超出一般人的才能，还必须有坚忍不拔的意志。古时大禹治水，凿开龙门，疏通黄河，使黄河之水流进大海。当其治河功业尚未完成之时，大概也有堤坝溃决和洪水横冲的可怕灾难。只因为大禹事先估计到这种必然性，事情发生之时并不惊慌，而是从容不迫地图谋解决，所以获得了最后的成功。

当时的吴、楚、赵、胶西、胶东、菑川、济南等七国诸侯都非常强盛，晁错却要一下子削弱他们，七国诸侯王联合起兵叛乱，有什么奇怪的？晁错不在七国叛乱时献出自己全部身心，替天下去做抵挡七国叛乱的先锋，控制吴楚等国的命运，却为保全自己着想，想让汉景帝亲自率兵出征，自己却在后方防守。试问，引发七国叛乱的人，又是何人呢？自己想谋求功名，岂能逃避祸患？因为亲自带兵出征极为危险，留守后方十分安全。自己是挑起七国叛乱的祸首，却想选择十分安全的事情来做，把极为危险的事情留给汉景帝去担当，这就是忠臣义士愤恨不平的原因所在。

【点评】

自吴楚七国之乱平定以后，以“智囊”著称的晁错被赋予了“忠臣”的称号，而汉景帝则背上了听信谗言、错杀大臣的罪名。

然而，在北宋大文豪苏轼的眼中，晁错的“忠”并不完美，他的被杀甚至有些咎由自取的意味。

苏轼认为：所谓“忠臣”就是要在不利的事情发生后，“事至不惧，徐为之图”，并做好“无务为自全之计”的准备，而不应选择逃避，把别人推到风口浪尖之上。更何况这个不利的事情还是因为自己挑起的。“古之立大事者，不惟有超世之才，亦必有坚忍不拔之志”。晁错只占了前者，而缺少后者。在自己惹出大难的时候，他选择的是临阵退缩、保全自身，这怎么能是一个“忠臣”应该做的事情呢？

苏轼的这篇文章或许使一些人改变对晁错原有的看法，或许会让一些人不能接受，无论如何，他至少为我们提供了一个评价忠臣的新视角。

官箴辑要

忠不可暴，信不可犯。忠自中，而信自身，其为德也深矣，其为本也固

矣，故不可损也。——《国语·晋语》

【大意】忠诚是不容暴力侵犯的，信义是不容背弃的。忠诚发自内心，信义出于自身，由此二者，德行就会深厚，立身之本就牢不可破，不可动摇分毫。

体恭敬而心忠信，术礼义而情爱人，横行天下，虽困四夷，人莫不贵。——《荀子·修身》

【大意】心存恭敬和忠信，依照礼仪真心地去爱别人的人，可以走遍天下，即便他身处蛮荒之地，也同样会得到他人的尊重。

不宝金玉，而忠信以为宝。——《礼记·儒行》

【大意】不将金玉视为财富，而将忠信视为财富。

所守者道义，所行者忠信，所惜者名节。——〔宋〕欧阳修《朋党论》

【大意】君子所坚守的是道义，所力行的是忠信，所珍惜的是名节。

忠者不饰行以侥荣，信者不食言以从利。——〔宋〕王安石《辞同修起居注状·第四状》

【大意】忠诚的人不故意做作以博取荣誉，守信的人不出尔反尔去追逐私利。

人无忠信，不可立于世。——〔宋〕程颐

【大意】做人不讲忠诚信义，就不能在社会上生存下去。

自律

诚其意，毋自欺

《礼记·大学》

所谓诚其意者，毋自欺也。如恶恶臭，如好好色，此之谓自谦①。故君子必慎其独也。小人闲居为不善，无所不至。见君子而后厌然②，揜其不善而著其善③。人之视己，如见其肺肝然，则何益矣？此谓诚于中，形于外。故君子必慎其独也。曾子曰："十目所视，十手所指，其严乎！"富润屋，德润身。心广，体胖。故君子必诚其意。

【注释】

① 谦：通"慊"（qiè），满足。

② 厌然：躲躲藏藏的样子。

③ 揜（yǎn）：同"掩"，掩盖。

【大意】

所谓使自己的意念诚实，就是说不要自己欺骗自己。就像厌恶污秽的气味，就像喜爱美丽的颜色，这就是自己感到心安。所以君子在独处时一定要保持谨慎的态度。那些没有道德修养的人在闲居独处的时候，什么坏事都做得出来。当他们见到有道德修养的人时，却又躲躲藏藏企图掩盖自己所做的坏事，并装出一副似乎做过好事的模样，设法显示自己的美德。每个人审视自己的时候，都像能看到肝肺一样（直视内心，）（自欺的结果只能是底气不足，）那么（自欺）还有什么用吗？这就叫作内心的真诚会直达外表。所以君子在独处的时候一定会谨慎小心。曾子说："十只眼睛看着，十只手指着，多么令人畏惧啊！"财富可以装饰房屋，品德可以修养身心，使心胸宽广而身体舒泰安康。所以，品德高尚的人一定要使自己的意念真诚。

【点评】

"慎独"一词最早就出自《大学》《中庸》。所谓"慎独"，指的是一个人在独处独知的时候，要谨慎不苟，即使没有其他人的注视、监督和觉察，自己也要谨慎行为，符合道德标准。正如东汉郑玄所说："慎独者，慎其闲居之所为。"

《大学》一文的核心是"诚意"，即意念真诚，不欺人，也不自欺，而"慎独"正是"诚意"的具体方法与表现。选文两次提到"君子必慎其独"，也证明了"慎独"对"诚意"的重要作用。既然是方法，"慎独"就需要被实践，即需要进行自我品行修炼，培养慎独的本领与造诣，这虽非易事，却是达到理想道德境界的必由之路。

暗室不欺

《庭训格言》

《大学》《中庸》俱以慎独为训，则为圣贤第一要节。后人广其说曰："暗室不欺。"所谓暗室有二义焉：一是私居独处之时，一在心曲隐微则人不及知[①]，惟君子谓此时指视必严也。战战栗栗，兢兢业业，不动而敬，不言而信，斯诚不愧于屋漏而为正人也夫[②]！

【注释】

① 心曲：指内心深处或心事。

② 不愧于屋漏：与"不欺暗室"意思相近，指心地光明，不在暗中做

坏事。屋漏，本指室内西北角施设小帐的地方，后转义为隐蔽之处，与“暗室”相当。

【大意】

《大学》《中庸》都把一个人独处时也能谨慎不苟作为训诫，这是古圣贤人认为第一重要的行为礼节。后人把它扩充解释为“暗室不欺”。（也就是在别人看不到的地方，也不做任何见不得人的事。）所谓“暗室”有两层含义：一个是指在一个人单独生活的时候，另一个是指一个人内心深处不为人知的隐秘。（当一个人独自生活的时候，别人不仅看不到他的言行举动，更难以了解其内心深处的隐秘。）只有那些品格高尚的君子才能认识到：这种时候，尤其要注意自己的言行和思想，事事谨慎小心不越礼法，时刻保持警惧，即使不做任何事情，别人也会对自己持恭敬的态度，即使什么话也不说，也使人感到自己是可以信赖的，这才称得上是“暗室不欺”的正人君子！

【点评】

《庭训格言》是清雍正帝追述其父康熙帝在日常生活中对诸皇子训诫的一部书，共246条，包括读书、修身、为政、待人、敬老、尽孝、驭下以及日常生活中的细微琐事。因为是康熙给自己儿子们讲的，所以内容具体、生动而真实，没有什么虚饰成分。

康熙帝一生兢兢业业，秉持“清、勤、慎”的作风，为康乾盛世打下了根基。同时，康熙还是一位深受儒家思想熏陶的皇帝，儒家经典中“修身、齐家、治国、平天下”的信念自幼便扎根于他的内心，而“修身”的第一要务便是“慎独”。因此，在这段文字中，康熙对“慎独”的地位、含义，以及实践方法都作了诠释，目的是教育子辈要“慎独自律”，成为正人君子，这不仅关系个人的修养和作为，更关系到国家的前途和命运。

君子慎独论（节选）

〔清〕曾国藩

尝谓独也者，君子与小人共焉者也。小人以其为独而生一念之妄，积妄生肆，而欺人之事成。君子懔其为独而生一念之诚[①]，积诚为慎，而自谦之功密。其间离合几微之端，可得而论矣。

盖《大学》自格致以后[②]，前言往行，既资其扩充；日用细故，亦深其阅历。心之际乎事者[③]，已能剖晰乎公私；心之丽于理者[④]，又足精研其得失。则夫善之当为，不善之直去，早画然其灼见矣[⑤]。而彼小人者，乃不能实有所见，而行其所知。于是一善当前，幸人之莫我察也，则越焉而不决。一不善当前，幸人之莫或伺也，则去之而不力。幽独之中，情伪斯出，所谓欺也。推夫君子者，惧一善之不力，则冥冥者有堕行；一不善之不去，则涓涓者无已时。屋漏而懔如帝天，方寸而坚如金石[⑥]。独知之地，慎之又慎。此圣经之要领，而后贤所切究者也。

【注释】

① 懔（lǐn）：畏惧。

② 格致：即“格物致知”，指穷究事物的道理而求得知识。

③ 际：遭遇，遇到。

④ 丽：附着，依附。

⑤ 画然：明察的样子，分明的样子。

⑥ 方寸：此处指一个人的心思。

【大意】

古人所谓的“独”，是君子和小人都能感受到的。小人认为自己是独自一人，所以会产生非分的想法，非分之想积聚到一定程度就会肆意妄为，从而做出一些欺骗他人的坏事。君子害怕自己是单独一人，所以会生出真诚的想法，真诚想法积聚多了就会处事谨慎，从而下功夫提升自己的道德修为。虽然都是独处，君子和小人的差距却可由此得出评论。

《大学》一书提出格物致知以后，过去的言论行为，都可用作一个人开阔眼界充实知识的资料；日常处理的琐事，也可深化个人的阅历见识。（君子这样做了，）当遇到问题时，他的内心已经能分清公私的区别；在联系道理时，他的内心足以精辟地考量其得失。善事应当做，不善之事应马上放弃的道理，君子早已经认识到了。而那些小人，则没有足够的见识去做他知道该做的事。他们要办一件好事，唯恐别人不知道是自己做的，去办的时候则迟疑不决。做一件坏事，常心存侥幸认为别人窥视不到，放弃的时候总是犹犹豫豫。自己独处的时候，虚假的毛病就会产生，这就是欺骗啊！而君子，唯恐一件好事办得不彻底，会在不知不觉中有堕落的行为；唯恐一件坏事不及时放弃，会像涓涓细流长年不断地犯错。在暗室之中不动邪念如同面对天神，信念坚硬如同金石。在自己单独行事的地方，一定要慎之又慎。这就是圣人遵奉的准则，也是后世贤人切实研究的问题。

【点评】

《君子慎独论》一文是曾国藩的代表作，体现了他对儒家“慎独”理念明晰与深刻的理解，且已融会贯通，表述得极为精湛到位。

曾国藩对“慎独”的阐发，还表现在他晚年写给子侄们的信中：“慎独则心安。……能‘慎独’，则内省不疚，可以对天地，质鬼神，断无‘行有不慊，于心则馁’之时。人无一内愧之事，则天君泰然，此心常快足宽平，是人生第一自强，第一寻乐之方，守身之先务也。”可见，对儒家经典了然于胸的曾国藩始终认为“慎独”是一个人立足于社会所必须具备的素质和智慧，他将“慎独则心安”作为修身养性、提高德行的第一要务，并叮嘱晚辈在独处的时候要严于律己，这不仅反映出其良好家教传承，更体现其修身、处世的原则。

官箴辑要

君子戒慎乎其所不睹，恐惧乎其所不闻。莫见乎隐，莫显乎微，故君子慎其独也。——《礼记·中庸》

【大意】 君子会因为担心有自己看不到的地方而更加严谨，会因为担心有自己听不到的地方而更加小心。没有比在不易察觉的地方更能体现君子品格的了，也没有比在细微之处更能显示君子风范的了。所以，君子在独处的时候也会谨慎不苟。

兰生幽谷，不为莫服而不芳；舟在江海，不为莫乘而不浮；君子行义，不为莫知而止休。——《淮南子·说山训》

【大意】 兰花生长在幽深的山谷，不会因为没人佩戴而不芳香；船在江河之上，不会因为没有人乘坐而不浮在水上；君子做好事，不会因为没人知道而停止不做。

莫为无人欺一物，他时须虑石能言。——〔唐〕李商隐《明神》

【大意】 不要因为没有人看见就做一些欺人之事，要考虑到将来石头能说话了，会将你的罪过揭发出来。

君子慎其独，非特显明之处是如此，虽至微至隐，人所不知之地，亦常慎之。小处如此，大处亦如此；明显处如此，隐微处亦如此，表里内外，粗精隐显，无不慎之，方谓“诚其意”。——《朱子语类》

【大意】君子在独处的时候谨慎不苟，不仅是在别人都看得到的地方如此，即使是在人们不易察觉、不易知晓的地方，也很小心谨慎。在小的地方这样，在大的地方也这样；在人们看得到的地方这样，在人们不易察觉的地方也这样。无论是内心还是外表，对大事还是小事，在人前还是人后，都表现得谨慎不苟，这才称得上是“意念真诚”。

谨独。独处不能谨，而徒饰乎外，伪也。——〔明〕薛瑄《读书录》

【大意】一个人独处的时候要十分谨慎。在独处的时候不能要求自己严谨不苟，却在有人看着的时候装得谨慎，这是虚伪的表现。

宽容

秦缪公亡马[①]

《吕氏春秋·爱士》

昔者，秦缪公乘马而车为败，右服失而野人取之[②]。缪公自往求之，见野人方将食之于岐山之阳[③]。缪公叹曰："食骏马之肉而不还饮酒，余恐其伤女也！"于是遍饮而去。处一年，为韩原之战[④]。晋人已环缪公之车矣，晋梁由靡已扣缪公之左骖矣[⑤]，晋惠公之右路石奋投而击缪公之甲[⑥]，中之者已六札矣[⑦]。野人之尝食马肉于岐山之阳者三百有余人，毕力为缪公疾斗于车下，遂大克晋，反获惠公以归。此《诗》之所谓曰"君君子则正，以行其德；君贱人则宽，以尽其力"者也。

【注释】

①秦缪（mù）公：即秦穆公，春秋时秦国国君，在部分史料中被认为是春秋五霸之一。

②服：古代一车驾有四匹马，居中的两匹称"服"，两边的称"骖"。野人：此处指农夫。

③岐山：位于今陕西岐山县东北。阳：山的南面。

④韩原：春秋时期晋国领土，位于今山西芮城。

⑤梁由靡：晋国大夫，韩原之战，梁由靡负责为晋惠公驾车。

⑥晋惠公：春秋时期晋国国君。右：车右，由勇士担任。路石：人名。

⑦六札：六层铠甲。当时铠甲一般都是复叠七层，缪公之甲已被击穿六

层，可见形势已相当危急了。

【大意】

从前，秦缪公乘马车出行，车坏了，右服的马跑了，一群农夫抓住了它。缪公亲自去寻找，只见在岐山的南面很多农夫正在分食马肉。缪公（不生气）反而叹息说："吃了马肉而不马上喝酒，恐怕会伤了你们的身体。"于是这些农夫一一喝了酒，才离开。过了一年，秦、晋在韩原展开激战。晋国士兵已经包围了秦缪公的兵车，梁由靡已经抓住缪公车上左边的马，晋惠公的车右路石击中了缪公的铠甲，缪公的铠甲已被击穿六层。在这危急时刻，曾在岐山之南分食马肉的农夫三百多人赶来，竭尽全力为缪公拼死搏斗。于是秦军大胜晋军，反而俘获了晋惠公。

这就是《诗经》中所说的"为君子做国君就要平正无私，借以让他们施行仁德；为卑贱的人做国君就要宽容厚道，借以让他们竭尽全力"。

【点评】

古今中外能成大事、立大业者都具有一种优秀的品质——容人所不能容，忍人之不能忍。他们善于求大同存小异，团结大多数人；他们有胸怀，不拘小节，做事从大处着眼；他们不斤斤计较，不纠缠于琐事；他们能够腾出更多的时间和精力，全力以赴地去做他们认为该做的事。秦缪公的例子就是对上述观点的最佳诠释，他的宽容不仅让自己的国家在战争中反败为胜，还为他自己赢得了美誉。

陈寔宽恕"梁上君子"①

《后汉书·陈寔列传》

陈寔在乡间，平心率物。时岁荒民俭，有盗夜入其室，止于梁上。寔阴见，乃起自整拂，呼命子孙，正色训之曰："夫人不可不自勉。不善之人未必本恶，习以性成，遂至于此。梁上君子者是矣！"盗大惊，自投于地，稽颡归罪[2]。寔徐譬之曰[3]："视君状貌，不似恶人，宜深克己反善。然此当由贫困。"令遗绢二匹。自是一县无复盗窃。

【注释】

①陈寔（shí）：字仲弓，颍川许（今河南许昌长葛市古桥乡陈故村）人，东汉官员、学者。

②稽颡（sǎng）：古代一种跪拜礼，屈膝下拜，以额头触地，表示极度的虔诚。

③譬：晓谕。

【大意】

陈寔在乡间，以平和之心对待一切事情。当年收成不好，老百姓贫困，有小偷夜间进入陈寔家里，躲在房梁上。陈寔暗中发现了，就起来整理衣服，并把子孙都叫到自己屋里，严肃地训诫他们说："人不可以不自我勉励。不善良的人不一定本性是坏的，坏习惯往往是不注重品行修养才形成的，最终到了这样的地步。屋梁上的先生就是这样的人！"小偷听后非常惊恐，从房梁跳到地上，向陈寔叩头请罪。陈寔慢慢地告诫他说："看你的样子，不像是个坏人，应该赶紧改掉自己的坏毛病，重新做个好人。然而你干这行应该也是被穷困所逼迫的。"陈寔让家人送给他两匹绢。从此以后全县再没有偷盗的人了。

【点评】

人非圣贤，孰能无过？面对别人的过失和错误，应心存宽容，与人为善，这是一种风范，更是一种美德。身为"颍川四长"之一的陈寔，他的诚厚宽宏不仅感动了偷盗者，更使全县的社会风气为之一新。在他死后，"海内赴吊者三万余人，制蓑麻者以百数"，并刻石立碑，谥号"文范先生"，取文为德表、范为士则之意。观其一生言行，称得上是名实相符。

夏原吉待人宽容有雅量①

《明史·夏原吉传》

（夏）原吉有雅量，人莫能测其际。同列有善，即采纳之；或有小过，必为之掩覆。吏污所服金织赐衣，原吉曰："勿怖，污可浣也。"又有污精微文书者，吏叩头请死。原吉不问，自入朝引咎，帝命易之。吕震尝倾原吉②。震为子乞官，原吉以震在"靖难"时有守城功③，为之请。平江伯陈瑄初亦恶原吉④，原吉顾时时称瑄才。或问原吉："量可学乎？"曰："吾幼时，有犯未尝不怒。始忍于色，中忍于心，久则无可忍矣。"

【注释】

①夏原吉：字维喆，湖南湘阴人，祖籍江西德兴，明初重臣。

②吕震：字克声，临潼人，明初大臣，官至太子太保兼礼部尚书。

③靖难：即靖难之役，是明朝初年爆发的一场统治阶级内部争夺皇位的战争。明朝建立后，明太祖朱元璋把儿孙分封到各地做藩王。他死后，其孙建文帝即位，并采取一系列削藩措施，坐镇北平的燕王朱棣起兵反抗，随后挥师南下，成功夺取帝位，改元永乐。

④陈瑄：字彦纯，安徽合肥人，明初武官、水利家，明清漕运制度的确立者。

【大意】

明朝大臣夏原吉有宏大的气量，人们难以测量他心胸的边际。同在朝班的官员有好的建议，他就采纳接受；有的人犯了小过失，他一定尽力掩盖而不张扬。有一次，一个官吏弄脏了他所穿的皇帝所赐金丝织的衣服，夏原吉说："别害怕，脏了可以洗干净。"又有一次，一个官吏弄脏了精微的文书，磕头请求死罪。夏原吉不仅没有追究，反而自己入朝主动承担责任，皇帝命令让换了一份。吕震曾排挤夏原吉。后来，吕震为自己的儿子求官，夏原吉认为吕震在"靖难"时守城有功，主动替他向朝廷请求。平江伯陈瑄起初也不喜欢夏原吉，夏原吉却时常称赞陈瑄有才能。有的人问夏原吉："气量可以学吗？"夏原吉回答："我年幼时，有人触犯我，我未尝不发怒。开始是在脸色上忍耐而不表现出来，以后是在内心忍耐，久而久之就不发怒了，也就不需要忍耐了。"

【点评】

夏原吉位极人臣，却能宽待下人，不计私怨，这既是他居官处事的原则，更体现了他的雅量和胸怀。当然，宏大的气量并非天生就具备，它需要通过不断培养才能慢慢地获得。夏原吉的方法是"忍耐"，先从外表，再到内心，循序渐进。在一般人看来，忍耐是一种煎熬，会带来无比的痛苦，但法国的启蒙思想家卢梭认为："忍耐是苦涩的，但它的果实却是甘甜的。"因此，有理想的人会为这"希望的艺术"而付出努力，从而达到"海纳百川"的修养和境界。

官箴辑要

子曰："居上不宽，为礼不敬，临丧不哀，吾何以观之哉？"——《论语·八佾》

【大意】 孔子说："身居上位而不宽宏大量，行礼时不严肃认真，参加丧礼时不悲哀，对这些人我怎么评价他呢？"

君子贤而能容罢，知而能容愚，博而能容浅，粹而能容杂。——《荀子·非相》

【大意】 君子贤能而能容纳无能的人，聪明而能容纳愚昧的人，知识渊博而能容纳孤陋寡闻的人，道德纯洁而能容纳品行驳杂的人。

和以处众，宽以待下，恕以待人，君子人也。——〔宋〕林逋《省心录》

【大意】 对众人和气相处，对下人宽厚相接，对有过失的人宽厚相待，这就是君子一样的人。

大其心，容天下之物；虚其心，受天下之善；平其心，论天下之事；潜其心，观天下之理；定其心，应天下之变。——〔明〕吕坤《呻吟语》

【大意】 放宽心胸，容纳天下事物；谦虚谨慎，接受天下仁善；平心静气，分析天下事情；潜心钻研，纵观天下事理；坚定信念，应付天下变化。

容小过者以一长酬，释大仇者以死力报。惟酬报之情迫中，故其长触之而必试，其力激之而必竭。彼索过寻仇者，岂非大愚？——〔明〕冯梦龙《智囊·上智部·见大》

【大意】 容忍别人的小过失，别人必将以自己的一技之长来酬答，宽恕自己的大仇人，他一定以死来竭力回报。因为要酬报恩人的感情激荡在胸中，所以他的长处一遇到时机就会跃跃欲试，他的才力一受到刺激就会竭力发挥。那些专门收集别人的过错、寻找仇人的人，难道不是太过愚蠢了吗？

心旷则万钟如瓦缶，心隘则一发似车轮。——〔明〕洪应明《菜根谭》

【大意】心胸宽阔的人，再丰厚的财禄也会视如破坛瓦罐一样没有什么价值；心胸狭隘的人，即使是毫发小事，也会视如车轮般重大。

与人当宽，自处当严。——〔清〕唐甄《潜书·取善》

【大意】对待别人应该宽宏大量，自己为人处事应该严格要求。

凡人持身处世，惟当以恕存心。见人有得意事，便当生欢喜心。见人有失意事，便当生怜悯心。此皆自己实受用处。——〔清〕康熙《庭训格言》

【大意】一个人立身处世，尤其应该心存宽容。看到别人有高兴的事，就应该为他心生欢喜之情。见到别人有失意的事，就应该同情怜悯。这种心态对自己是很有好处的。

谦虚谨慎

常谦常惧　日慎一日

《贞观政要·谦让》

贞观二年，太宗谓侍臣曰："人言作天子则得自尊崇，无所畏惧，朕则以为正合自守谦恭，常怀畏惧。昔舜诫禹曰：'汝惟不矜，天下莫与汝争能；汝惟不伐，天下莫与汝争功。'①又《易》曰：'人道恶盈而好谦。'凡为天子，若惟自尊崇，不守谦恭者，在身倘有不是之事，谁肯犯颜谏奏？朕每思出一言，行一事，必上畏皇天，下惧群臣。天高听卑，何得不畏？群公卿士，皆见瞻仰，何得不惧？以此思之，但知常谦常惧，犹恐不称天心及百姓意也。"魏徵曰："古人云：'靡不有初，鲜克有终。'②愿陛下守此常谦常惧之道，日慎一日，则宗社永固，无倾覆矣。唐、虞所以太平，实用此法。"

【注释】

①"昔舜诫禹曰"几句：出自《尚书·虞书·大禹谟》。伐：自我夸耀。

②此句出自《诗经·大雅·荡》。克：能。

【大意】

唐太宗贞观二年（628），太宗皇帝对身旁大臣说："人们说做了皇帝就应该自认为尊贵显耀，没什么可畏惧的，我却认为更需要谦虚恭谨，并经常感到畏惧。从前，舜帝告诫大禹说：'你只要不自以为贤能，那么天下没有人敢与你相争；你只要不自我夸耀，那么天下人没有人敢和你争功劳。'另外，《周易》说：'人的准则是厌恶骄傲自满而崇尚谦虚谨慎。'大凡做皇帝的，如果自认为尊贵显耀，不能保持谦虚恭谨，自己如果有做得不对的事，谁敢冒犯威严上奏劝谏呢？我每说一句话，办一件事，一定会上畏苍天，下惧群臣。苍天高高在上而听察人世间的善恶，我怎么能不畏惧呢？众多公卿大臣，都在抬头看着我，我怎么能不惧怕呢？由此看来，常怀谦虚恭谨、小心畏惧之心，恐怕还不合上天及老百姓的心愿。”魏徵说：“古人说：‘做事无不有开始，却少有能够坚持到最终的。’希望陛下能坚守经常谦虚、经常畏惧的原则，一天比一天谨慎，那么国家就永远巩固而不会倾覆了。尧舜时代所以太平，就是采用的这个法则。”

【点评】

关于谦虚谨慎，唐太宗君臣为后世留有众多名言警句。然而，史籍中同样记载了唐太宗不那么“虚怀若谷”的一面。就在众臣“陛下圣明”的赞颂声中，黄门侍郎刘洎发出了“不和谐音”：“陛下艰苦创业，功业确实超过前人，但是，前不久有人上书进谏，不合您心意，您就当面责问，使他们个个感到羞愧而退缩。这恐怕不是鼓励进谏的办法。”太宗当即表示以后会改正。此事发生于贞观十八年（644），距贞观二年（628），已过去十多年。到了唐太宗晚年，随着魏徵、房玄龄等老臣的去世，他和群臣建立的良好关系开始出现裂痕，专断趋势日盛。“靡不有初，鲜克有终”，魏徵的担忧，终于应验了。以史为鉴，以人为镜，今人应当谦虚谨慎，更应当有始有终、言行合一。

出言须慎　自傲蒙辱

《却扫编》

耆卿以歌词显名于仁宗朝[1]，官为屯田员外郎[2]，故世号柳屯田。其词虽极工致，然多杂以鄙语，故流俗人尤喜道之[③]。其后欧、苏诸公继出[④]，文格一变，至为歌词，体制高雅。柳氏之作，殆不复称于文士之口，然流俗好之自若也。刘季高侍郎，宣和间[⑤]，尝饭于相国寺之智海院，因谈歌词，力诋柳氏，旁若无人者。有老宦者闻之，默然而起，徐取纸笔，跪于季高之前，请曰："子以柳词为不佳者，盍自为一篇示我乎？"刘默然无以应。而后，知稠人广众中，慎不可有所臧否也。

【注释】

① 耆（qí）卿：即柳永，字耆卿，北宋著名词人，婉约派代表人物。

② 屯田员外郎：官名，隶属尚书省，掌天下屯田政令。

③ 流俗人：平庸的人，即老百姓。

④ 欧、苏：指北宋文学家欧阳修和苏轼。

⑤ 宣和：宋徽宗的年号，时间从 1119 年到 1125 年。

【大意】

柳永以歌词扬名于北宋仁宗朝，因为他担任过屯田员外郎这一官职，所以世人称他为柳屯田。柳永的词虽然工巧细致，但是多混杂有乡里俗语，所以深得普通百姓的喜爱。柳永以后，欧阳修、苏轼等人相继出现，词风为之一变，至于写作的歌词，也都是格局高雅。柳永的作品，逐渐不再被文人们所称道了，但是处在下层的普通百姓，仍然像以前一样地喜爱。刘季高侍郎，宣和年间曾经在相国寺的智海院吃饭，因为谈起歌词来，就极力地诋毁柳永的词，旁若无人。旁边有一个上了年纪的宦官听了，一句话没说，站起来，从容地取出纸笔，跪在刘季高面前，请求说："您认为柳永词不好，为什么不自己写一篇给我拜读呢？"刘季高无言以对。从此以后，他知道了在大庭广众之下要谦虚谨慎，不能随意地评价人和事。

【点评】

《却扫编》，南宋徐度撰，是一部记载典章制度和人物轶事的笔记。刘季高对柳永的批评，是纯粹地表露好恶，还是顺应潮流，哗众取宠？“老宦者”为柳永鸣不平，是出于对柳词的喜爱，还是由于看不惯刘季高的态度？作者没有详细记录，我们无法得出确切的答案。不过，“力诋”与“旁若无人”，已充分描绘出刘季高的轻狂与浮躁，以这样的态度在公共场合发表看法，被当场揶揄而下不来台，实乃自取其辱。这个事例提示我们：当众发表看法，除了内容准确，论据充实之外，言谈举止的谨慎端正，也是必不可少的。

谦让有礼　官高不傲

《先进遗风》

嘉靖初[①]，绍兴有三尚书，韩公邦问、王公鉴之及先生也[②]。韩公与先生父海日翁同辈[③]，先生事之甚谨。一日，冬至节，皆赴公所称贺，先生自谓勋臣，貂蝉朝服[④]，乘马而趋。俄从人报韩尚书在后，先生亟下马执笏[⑤]，立道左。韩公至，不下舆，第拱手曰：“伯安行矣，予先往。”遂行。先生俟其过，乃上马。当是时，韩公偃然以前辈自居，先生欿然不以伯爵自重[⑥]。

【注释】

① 嘉靖：明世宗朱厚熜的年号，时间从1522年到1566年。

② 韩公邦问：即韩邦问，刑部尚书。王公鉴之：即王鉴之，刑部尚书。先生：即王守仁，字伯安，号阳明子，人称王阳明，兵部尚书。

③ 海日翁：即王守仁之父王华，号海日翁。

④ 貂蝉：即貂蝉冠，冠上用貂尾与蝉羽作饰物，是高级官员所戴的礼冠。

⑤ 笏（hù）：古代大臣上朝拿着的手板，用玉、象牙或竹片制成，上面可以记事。

⑥ 欿（kǎn）然：不自满的样子。

【大意】

明朝嘉靖初年，浙江绍兴出了三位尚书：韩邦问、王鉴之和王守仁。韩邦问和王守仁的父亲王华是同辈，因此，王守仁对韩邦问十分恭谨。有一年冬至节，韩邦问和王守仁都到朝堂上去庆贺。当时，由于王守仁镇压农民起义和平定"宸濠之乱"有功，被封为新建伯，官至兵部尚书，是一位立了大功的勋臣，他戴着装饰有貂尾与蝉羽的头冠，穿着朝服，骑着高头大马前行。一会儿，随从报告韩邦问尚书在后面，王守仁急忙下马，手拿上朝用的手板，站立在道路的左侧等候。韩邦问到了，没有下车，只是拱手说："伯安来啦，我先走了。"于是继续前行。王守仁等他离开后，才上马继续走。这时，韩邦问俨然是以前辈自居，但王守仁仍然很谦虚，不因为自己是伯爵而自高自大。

【点评】

《先进遗风》，明耿定向辑，记录从明初宋濂开始，包括王阳明在内的五十七位先贤的遗事。王阳明是著作等身、桃李满天下的心学宗师，同时在军事上也首屈一指，是明朝倚重的国家栋梁，清代名士王士祯称赞他"立德、立功、立言，皆居绝顶"，为"明第一流人物"。官场上的王阳明，多经挫折，未能位极人臣，但在污浊的环境中，始终清正持身，可坦然立于天地间。他对前辈兼同僚韩邦问谦让有礼，体现出他相当高的处世智慧，也与他的崇礼思想分不开：他认为懂礼之人，方可安身立命。为官者，更应习礼，如此才能做出表率，教化百姓。在写给儿子的《示宪儿》中，他教诲儿子要"学谦恭，循礼义"，而他的行为，正是"知行合一"的最佳表现。

官箴辑要

天道亏盈而益谦，地道变盈而流谦，鬼神害盈而福谦，人道恶盈而好谦。

谦尊而光，卑而不可逾，君子之终也。——《周易·谦卦·彖传》

【大意】天的规律是亏损盈满、补益谦虚，地的规律是变化盈满、充实谦虚，鬼神的规律是危害盈满、施福谦虚，人类的规律是憎恶盈满、爱好谦虚。谦虚的人居尊位时道德更加光明，处卑位时人们也难以超越他，只有君子才能够始终保持谦虚的品德啊。

多闻阙疑，慎言其余，则寡尤。多见阙殆，慎行其余，则寡悔。——《论语·为政》

【大意】多听，有疑问的地方先予以保留，对没有疑问的也要谨慎地说出，这样就能减少过失。多看，有疑问的地方先予以保留，对没有疑问的也要慎重地实行，这样就能减少悔恨。

大足以治天下，中足以安家国，近足以守其身者，其惟谦德乎！——〔汉〕韩婴《韩诗外传》

【大意】大可以平治天下，中可以安定国家，近可以保全自身，这大概只有具有谦虚品德的人才能做到啊！

君子常虚其心志，恭其容貌，不以逸群之才，加乎众人之上，视彼犹贤，自视犹不足也。——〔汉〕徐幹《中论·虚道》

【大意】君子经常是虚心的，容貌是恭敬谦逊的，他不因自己才华超群就凌驾于众人之上，总把别人看作是有才能的，对自己，则常常看到很多不足之处。

奔骥不能及既往之失，千金不能救斯言之玷。——〔晋〕葛洪《抱朴子·广譬》

【大意】 跑得飞快的骏马也无法挽回已经铸成的过失，花掉一千斤黄金也不能纠正说错了的话。

心不可不虚，虚则义理来居；心不可不实，实则物欲不入。——〔明〕洪应明《菜根谭》

【大意】 人一定要有虚怀若谷的胸襟，因为只有谦虚才能容纳学问和真理；同时人也要有诚实的态度，诚实了才能抵御物欲的诱惑。

事不三思终有悔，人能百忍自无忧。——〔明〕冯梦龙《醒世恒言·一文钱小隙造奇冤》

【大意】 做事之前不再三考虑清楚，最后一定会有后悔的地方；人如果能遇事忍让，自然不会有烦忧。

亲民爱民

颜回巧喻爱民

《荀子·哀公》

定公问于颜渊曰："子亦闻东野毕之善驭乎？"颜渊对曰："善则善矣，虽然，其马将失[①]。"定公不悦，入谓左右曰："君子固谗人乎！"三日而校来谒曰："东野毕之马失。两骖列，两服入厩[②]。"定公越席而起曰："趋驾召颜渊！"颜渊至，定公曰："前日寡人问吾子，吾子曰：'东野毕之驶，善则善矣，虽然，其马将失。'不识吾子何以知之？"颜渊对曰："臣以政知之。昔舜巧于使民，而造父巧于使马；舜不穷其民，造父不穷其马；是以舜无失民，造父无失马。今东野毕之驭，上车执辔，衔体正矣；步骤驰骋，朝礼毕矣[③]；历险致远，马力尽矣；然犹求马不已，是以知之也。"定公曰："善，可得少进乎？"颜渊对曰："臣闻之，鸟穷则啄，兽穷则攫，人穷则诈。自古及今，未有穷其下而能无危者也。"

【注释】

① 失：通"逸"，奔逃。

② 骖（cān）：古代用三匹马或四匹马拉车，两旁的马称"骖"，中间的马称"服"。

③朝礼：朝廷所规定的礼仪。此指六艺之一的驭礼。

【大意】

春秋时期，鲁国国君鲁定公寻求治国良策，于是将孔子招到身边辅佐自已。鲁定公不单求教于孔子，也常与孔门贤徒探讨为政得失。有一次谈到驭马问题，鲁定公问颜回说："先生听说过东野毕很擅长驾驭马车吧？"颜回答道："可以算是擅长，不过他的马将来一定会跑掉。"鲁定公听后很不高兴，东野毕擅长驾马是众所周知的事，可颜回却说他驾的马会跑掉，不知用心何在，于是对旁边的侍臣说："原来君子也会背后诬陷别人啊！"

三天后，掌管畜牧的官员跑来报告说："东野毕驾的马不听使唤，挣脱缰绳跑掉了，有两匹马已经跑回了马厩。"鲁定公一听，急忙让人驾车去请颜回前来。颜回到后，鲁定公向他请教说："先生之前就断言东野毕驾的马必将跑掉，不知你是如何预知的呢？"颜回答道："臣是以政事的道理推断出来的。从前舜帝善于治民力，造父擅长驭马。舜帝不逼迫人民，造父也不会让马力穷尽。所以舜治下没有逃亡的百姓，造父手下也没有逃跑的马匹。臣看东野毕驾马时，虽然拉紧缰绳，姿态端正，马的缓急快慢、进退奔走，看似全在他掌控之中，但当经历险阻到达远方之后，马已筋疲力尽，他却仍要马不停奔跑。臣以此推断，马是一定会逃掉的。"鲁定公赞叹道："原来如此！果真如你所言。先生能否进一步阐明其中的道理呢？"颜回说："臣曾听说，鸟被逼急了要啄人，兽被逼急了要抓人，而人被逼得没办法时就要欺诈。从古到今，凡是把手下人逼到无路可走的，也必将为自己带来危险啊！"

【点评】

颜回看似说马，实则论政。他心目中的圣主舜，爱民何其深，忧民何其切。舜从不穷尽民力，人民因而安居乐业，使得治下无佚民。颜回借此告诫鲁定公，人民困苦时，如果仍旧盘剥、打压，其后果可想而知。只有体恤民情，待民以仁爱，治民以宽厚，方为安邦之道。

卫懿公爱鹤失民

《新书·春秋》

卫懿公喜鹤，鹤有饰以文绣而乘轩者①。赋敛繁多，而不顾其民，贵优而轻大臣。群臣或谏，则面叱之。及翟伐卫②，寇挟城堞矣，卫君垂泣而拜其臣民曰："寇迫矣，士民其勉之！"士民曰："君亦使君之贵优，将君之爱鹤，以为君战矣。我侪弃人也③，安能守战？"乃溃门而出走，翟寇遂入，卫君奔死，遂丧其国。

【注释】

①文绣：绣花的绸缎。轩：古代供大夫乘坐的轻便车。

②翟：春秋时北方狄人所建的国家。

③我侪：我们。

【大意】

春秋时期卫国的君主卫懿公嗜好养鹤，并因痴迷于此而不理朝政、不恤民疾。都城内的定昌、朝歌西北的鹤岭、东南的鹤城等处，都成了他的养鹤场，这些地方至今还留有"鹤壁""鹤寨"等地名。许多大臣投其所好，纷纷进献仙鹤，以求获得重赏。卫懿公为鹤起名、编队，还任命专人训练它们鸣叫和舞蹈。他甚至将鹤加封爵位，供给俸禄，上等的鹤竟供给与大夫一样的俸粮，次一等的俸粮也与士人相当。卫懿公外出巡游时，必定让鹤群随行，并将它们载于大夫才有资格乘坐的车上。因随时都有鹤群前呼后拥，卫懿公由此得了个"鹤将军"的称号。为了养鹤，国家每年都要耗费大量的钱粮，卫懿公为此向百姓加派赋税，导致民怨沸腾，国势衰微。

周惠王十七年（前660）的冬天，北方的翟人聚集了两万骑兵攻打卫国。此时卫懿公正要携鹤出游。他听闻敌军压境的消息，惊恐万状，急忙下令招兵。谁知，老百姓纷纷躲藏起来，不肯参军，还说："君主您还是用鹤来抵御敌军吧，哪里用得着我们呐！"

最终，卫懿公只能临时凑了人数，亲自带兵出战。但他所率的军队怨声载道，根本没有迎战之心，遇到敌人仓皇而逃。结果可想而知，卫懿公战死沙场，尸骨未存。翟国军队乘胜长驱直入，攻克卫城，将卫国百姓杀戮殆尽，金粟车马劫掠一空。

【点评】

卫懿公爱鹤本无可厚非，但他因此荒废朝政、横征暴敛、不问民情，这必定遭来灾祸。孟子说百姓才是国家的根基与主体，"得众则得国，失众则失国"。君主想要保证邦固国宁，就必须得民心，顺民意，乐以天下，忧以天下。卫懿公不但不能与天下同忧共乐，还为满足一己之乐而对百姓盘剥压榨，这便走到了"民欲与之偕亡"的地步。事到如此，卫懿公"虽有台池鸟兽，岂能独乐哉"？

三君子修政恤民

《明史·王恕传》、马文升《端肃奏议》《智囊全集·远犹》

王恕，为扬州知府，发粟振饥不待报。作书院课士，以治行最，超迁江西布政使，巡抚南畿。旧制，应天镇江太平宁国等处官田征半租，民田全免。其后民田归豪右，而官田累贫民。恕乃量减官田，稍增之民田。所部水灾，周行振贷，全活二百余万口。

太祖高皇帝所存者，仁民之心，所发者，恤民之政。凡遇水旱灾伤，百姓阙食，必蠲免税粮①，复加赈济。虽丰收之年，犹度仓廪有余去处，量为减免。是以民皆家给人足而无冻馁之忧。

天顺中，朝廷好宝玩。中贵言宣德中，尝遣太监王三保使西洋②，获奇珍无算。帝乃命中贵至兵部，查王三保至西洋水程。时刘大夏为郎，项尚书公忠令都吏检故牒，刘先检得，匿之。都吏检不得，复令他吏检。项诘都吏曰："署中牍焉得失？"刘微笑曰："昔下西洋，费钱谷数十万，军民死者亦万计。此一时弊政，牍即存，尚宜毁之，以拔其根，犹追究其有无耶？"

【注释】

①蠲（juān）：除去，免除。

②王三保：王景弘，明初宦官，曾与郑和同下西洋。

【大意】

在中国古代社会，有一批贤臣良吏体恤民情，爱护百姓，以利民为本，终得名垂青史。明代著名的"弘治三君子"——王恕、马文升和刘大夏就属此例。

王恕注重民生。他任扬州知府时遇到饥荒。他救人心切，不等朝廷报准，就擅自将粮仓粟米发放以赈济饥民。后来，他升任江西布政使，又遇所辖各处发生水灾。他积极赈救，同时施行贷款，从而保全了灾区二百余万人的性命。

马文升关心民瘼。他做左副都御史期间曾救济巩昌、临洮饥民，并安抚流民。后来他升任右都御史，负责漕运。时逢淮安、徐州、和州发生饥荒，马文升从江南调去十万石粮食、白银五万两加以救济。孝宗刚即位时，他上疏劝谏皇帝应存仁民之心，发恤民之政，在水旱之年应蠲免税粮、勤加赈济，以固民生之本。

刘大夏体恤民艰。他早年任兵部郎中，当时英宗皇帝想起郑和下西洋曾带回无数奇珍异宝的旧事，决定再次派使者前往。兵部尚书项忠奉命派属吏去查找当年出洋的旧档案。刘大夏听说后先行一步，找到旧档后将其藏匿了起来。属吏连续查找了好几天都没有找到。后来，项忠责难属吏，认为库中的案卷丢失了。刘大夏在一旁微笑着说："当年下西洋时，往返花费的钱粮有数十万之多，随行的军民，在出洋途中死亡的达一万多人。纵然获得再多珍宝，又有什么益处呢？这种劳民伤财的行为理当废止。即使旧的案卷还在，也应该把它毁掉才对，现在追究它有没有，又有什么意义呢？"

【点评】

"弘治三君子"的亲民爱民政策，使无数百姓免受劳役、灾害之苦，同时也帮助明朝进入了一个政治清明、经济富足、百姓安乐的繁荣时期，史称"弘治中兴"。

官箴辑要

人无于水监，当于民监。——《尚书·酒诰》

【大意】 人不应把水当作镜子，而应把人民当作镜子。意谓为政者要善于倾听百姓的声音，以百姓的反应检查为政的得失。监，同"鉴"，镜子。

不亲于民而求用焉，人必违之。——《国语·周语上》

【大意】 对待人民不亲善却要役使他们，人民一定不会愿意。

功成理定何神速？速在推心置人腹。——〔唐〕白居易《七德舞》

【大意】 唐太宗为什么能够如此迅速地安定天下？这是因为他爱民如子，以诚待人。

人之命在元气，国之命在人心。——〔宋〕杨万里《壬辰轮对第一札子》

【大意】人的生命在于元气，国家的命运在于人心向背。

从来经国者，宁不念樵渔？——〔明〕谢榛《送樊侍御文叙之金陵》

【大意】自古以来，凡是治理国家的人，哪个能不顾念下层的百姓？意谓治国者必须贴近民众，关心民生疾苦。

一切民生利病，应行应革，尔内外各衙门大小文武等官，念切民依，其各抒所见，勿隐。——《清实录·圣祖实录》

【大意】一切有关人民生计的政策，是有利还是有害，是应该实行还是应该革除，各衙门的大小文武官员，都要切实体念百姓的心愿和利益，各自发表自己的看法，不要有任何隐瞒。

人聚则强，人散则尪；人静则昌，人讼则荒。——〔清〕魏源《默觚下·治篇三》

【大意】人民齐心协力，国家就会强大，人民离心离德，国家就会衰弱；人民和乐安静，国家就会昌盛，人民争吵不休，国家就会衰亡。说明领导者必须体察民情，把群众团结起来，使之过上安宁和乐的生活，这样，国家才会繁荣富强。尪（wāng），瘦弱，衰弱。

天下求治见治难，群邑得理天下安。——〔清〕郭嵩焘《送吴之官浙江》之四

【大意】要求得天下太平，这是十分艰巨的，只有各个地方都井然有序，天下才会安定。说明地方官员应该谨慎从政、爱护百姓，这是攸关国家命运的大事。

重视民情

周厉王与民争利

《长短经·卷一》《史记·周本纪》

昔者周厉王好利，近荣公，芮良夫谏曰："王室其将卑乎？荣公好专利而不知大难。夫利，百物之所生也，天地之所载也。而或专之，其害多矣。天地百物皆将取焉，何可专也。所怨甚多而不备大难①，以是教王，其能久乎？"后厉王果败。

王行暴虐侈傲，国人谤王。召公谏曰："民不堪命矣。"王怒，得卫巫②，使监谤者，以告则杀之。其谤鲜矣，诸侯不朝。三十四年，王益严，国人莫敢言，道路以目。厉王喜，告召公曰："吾能弭谤矣，乃不敢言。"……三年，乃相与畔，袭厉王。厉王出奔于彘③。

【注释】

①备：谨慎、警惕。

②卫巫：卫国的巫者。巫，古人认为巫是能与鬼神相沟通，能调动鬼神之力消灾祈福的人。

③彘：周朝的一个国家，位于今山西霍州东北。

【大意】

西周时期的厉王，宠信小人而不察民情，压制民意而蔽塞言路。他任用贪财好利的荣夷公，受其蛊惑实行"专利"制度，将山川水泽的资源统统垄断起来，只知王室聚敛财富，罔顾百姓生产生活，因此招致了贵族和平民的不满。大夫芮良夫曾劝谏他说："难道周朝的王室就要倾覆了吗？荣夷公这种人利欲熏心，不知大难就要临头了，你为什么还要亲近他？利益，是世上万物自然产生出来的，是大地宇宙包容承载的公共资源，有如空气和阳光。可世上偏偏有人妄图独占它，那可就后患无穷了。天地万物是天下众生的共同财富，每个人都要从中获取他的生存所需，怎能独占呢？如果有谁执意要这样做，那么怨恨他的人可就多了！民怨甚多而又不加防备，国家还能长久得了吗？”

面对芮良夫的劝谏，周厉王置若罔闻。很快，厉王的行为遭到了全国百姓的唾骂。大夫召公也来劝谏道：“百姓已经无法忍受了！”这次周厉王不再无动于衷，而是大怒起来。他派卫国的巫者去监视百姓的言行，一旦发现谁有微词，当即逮捕杀害。

就这样，百姓不敢谈及国事，大臣也不敢再去劝谏了。之后，管控越发严厉，即使是熟人在道路上相遇也不敢交谈。周厉王见此情景沾沾自喜，大言不惭地向召公吹嘘道：“现在再也没人敢说我的坏话了！”国人在这种压迫中煎熬了三年，终于，强大的民怨化作一股洪流并瞬间爆发。愤怒的民众攻入王宫，将周厉王逐出都城。此后，周厉王在外流亡了十四年，最终死在彘地。周朝也因这场暴动而日趋衰落。

【点评】

当权者如果私心太重，过分看重名利财富，而不注重民情，那么一定会招来祸害。殊不知民众才是最大的财富，同时也是最大的力量，民情不容忽视，民意不可违抗，否则难保不落个周厉王的下场。

齐桓公微服私访

《韩非子·外储说右下》

齐桓公微服以巡民家①，人有年老而自养者，桓公问其故。对曰：臣有子三人，家贫无以妻之，佣未反[2]。桓公归，以告管仲。管仲曰：畜积有腐弃之财，则人饥饿；宫中有怨女，则民无妻。桓公曰：善。乃论宫中有妇人而嫁之。下令于民曰：丈夫二十而室，妇人十五而嫁。

一曰：桓公微服而行于民间，有鹿门稷者，行年七十而无妻。桓公问管仲曰："有民老而无妻者乎？"管仲曰："有鹿门稷者，行年七十矣而无妻。"桓公曰："何以令之有妻？"管仲曰："臣闻之：上有积财，则民臣必匮乏于下；宫中有怨女，则有老而无妻者。"桓公曰："善。"令于宫中女子未尝御，出嫁之。乃令男子年二十而室，女年十五而嫁。则内无怨女，外无旷夫。

【注释】

①微服：帝王或高官为隐蔽身份而改穿的平民便服。

②佣：受人雇用。反：通"返"，返回。本句意为受人雇用还未回来。

【大意】

微服私访，是指帝王为了深入民间体察民情而换便服出外巡行。这一活动早在春秋时期就已有之，后为历代贤明君主所效仿。据史书记载，齐桓公是第一位微服私访的国君。

一天，齐桓公穿着便服去坊间访察民意，见到一位老者在家中独居，自己料理生活。齐桓公问他其中缘故。老人回答说："我因贫穷而未能娶妻，现在虽然已经年过七十，但只能独自生活。"

齐桓公回到宫中，立即把这件事告诉了国相管仲，并问道："怎么才能让百姓都婚配成家、安居乐业呢？"管仲回答："我听说，如果君主喜爱积聚财物，使内库堆积如山，那么下面的臣民必然会贫穷困乏；如果君主在宫中豢养大量独守空房的女子，那么民间必然会有众多娶不上妻子的男丁。"齐桓公沉思良久道："说得好！"于是下令，凡是还没同他共寝过的宫中女子都可以出宫嫁人，又告喻民众说："成年男子要在二十岁建立家庭，女子则要在十五岁出嫁。”从此，宫中再没有虚度青春的怨女，宫外也没有孤独终老的鳏夫了。

【点评】

齐桓公的这次微服私访，真是一则体察民情的成功范例——先是深入民间，询问百姓疾苦；走访时悉心观察，善于发现问题；回宫后与大臣讨论民声民情，商议解决方案；之后还能虚心听取大臣的批评与建议；最后制定政策，解决百姓的问题。通过这次访察，社会矛盾得以化解，民情得以通达，民心得以抚慰，齐国也消除了潜在的危机，由此人丁兴旺、国势日强。

陆在新察民疾苦

《清史稿·循吏列传》

陆在新，字文蔚，江南长洲人。康熙二十五年，擢江西庐陵知县，严重有威，境内贴然①。誓不以一钱自污，钱穀耗羡②，革除都尽。傍水设五仓，便民输纳。建问苦亭于衙西，访求民隐。时裹粮历山谷间③，劳苦百姓，轸其灾患而导之于善④。召诸生，考德论艺，如为校官时。设四门义学，刻孝经、小学颁行之。二十六年，江溢，民多溺。在新急出钱募民船往救，躬自倡率，出入洪涛中，全活无算。……卒之日，鬻书数簏以敛。庐陵人为罢市三日，请祀名宦祠，长洲人亦以乡贤祀之。

【注释】

①贴然：安然，平静。

②耗羡：地方官向民众征收税金时，会以运送与镕铸等耗损为由，多征银两，称为耗羡。

③裹：携带。

④轸：悲痛。

【大意】

清朝初年，由于连年灾荒加之兵燹战乱，使得民贫如洗、国力衰微。为了改变这种局面，康熙帝决定以民情为重，任用了一批思百姓之苦、念百姓之危的清官循吏，从而改善了民生，也奠定了“康乾盛世”的基础。

陆在新，江南长洲（今江苏苏州）人，曾任松江府学教授近二十年，后被举荐成为江西庐陵知县。知县任上，他洁身自好，发誓不受一钱贿赂；为政期间，他体恤民情，成就了很多利民善举。当时官府向百姓征收税金时，会因运输和镕铸等缘故使银两变轻，称为火耗；征收税粮时，也会因鼠雀偷食等缘故使粮食变少，称为鼠雀耗，二者合称耗羡。这些耗羡都会转嫁到百姓身上，以增收税赋的形式向民众摊派，民间苦不堪言。陆在新则将这些耗羡全部革除，减轻了百姓的负担。他又沿赣江两岸修建了五座仓廒，便于百姓就近缴纳税粮，从而节省民力。他还善于寻访民意，在县衙西侧建了一座“问苦亭”，百姓如有冤情困苦，可以随时来此向他反映。陆在新还常自带粮食深入山间，馈劳穷苦山民，并和他们促膝长谈，询问疾苦，并施以帮助和引导。有一年，赣江洪泛，大量民宅被冲毁，县民溺死众多。陆在新急忙招募船只奔赴灾区救援，他亲自率领船队，舍生忘死，出入于洪涛之中，救起百姓不计其数。

陆在新为民谋利却疏于谋身，他终身不置产业，去世时家无余财，只能靠变卖书籍才得以入葬。这种专注民情、体恤民生的好官，自然受到民众爱戴。陆在新去世时，庐陵百姓自发罢市三日来悼念他，并把他的牌位请入名宦祠供奉。长洲百姓也把陆在新作为家乡的骄傲，将他的牌位供在乡贤祠中世代祭祀。

官箴辑要

政之急者，莫大乎使民富且寿也。——《孔子家语·贤君》

【大意】政事中急需做的事情，没有比使老百姓富裕起来并且活得长寿更重要的了。说明当权者应该为人民谋利益，使人民富足。

民不足而可治者，自古及今，未之尝闻。——〔汉〕贾谊《新书·无蓄》

【大意】在百姓缺衣少食的情况下，君主能把国家治理好，这种情况，从古到今还没有听说过。说明君主要重视人民的生活情况，才能达到国泰民安。

下有忧民则上不尽乐，下有饥民则上不备膳。下有寒民则上不具服。——〔汉〕荀悦《申鉴·政体》

【大意】下面有愁苦的百姓，那么处于上位的人就不能尽情享乐；下面有饥饿的百姓，那么处于上位的人就不能大吃大喝；下面有挨冻的百姓，那么处于上位的人就不能衣着华丽。意谓领导者应该体察民情，与人民同甘共苦。

善政者，恤民之思，除民之害也。——〔三国·魏〕桓范《世要论·兵要》

【大意】所谓的善政，就是体恤百姓的苦难，消除他们面临的危害。意谓好的执政者应当重民、恤民和爱民。

为政之道，以顺民心为本，以厚民生为本，以安而不扰为本。——〔宋〕程颐《代吕公著应诏上神宗皇帝书》

【大意】为政的原理，以顺民心为根本，以使百姓宽裕为根本，以安民而不扰民为根本。

天下顺治在民富，天下和静在民乐。——〔明〕王廷相《慎言·御民篇》

【大意】 国家的安顺太平，来源于人民的富裕；国家的和平清静，来源于人民的快乐。意谓人民物质上的富足和精神上的快乐是国家繁荣安定的前提，领导者应当重视。

治理之要，惟在于安民；安民之道，在察其疾苦而已。——〔明〕张居正《答福建巡抚耿楚侗》

【大意】 实现国家长治久安的关键，在于使人民心安；使人民心安的方法，不过是体察民间的疾苦罢了。意谓重视民间疾苦是国家安定的基础和保证。

责饱者必炊饭，责暖者必缝衣，责治者必养民。——〔清〕唐甄《潜书·达政》

【大意】 要使肚子不饿就必须做饭，要使身体暖和就必须做衣服，要使国家安定就必须使人民得到休养。意谓领导者要尽可能让人民安乐，以达到国家的安定。

民生情怀

唐太宗拒建台阁

《贞观政要·俭约》

贞观二年，公卿奏曰："依《礼》，季夏之月，可以居台榭。今夏暑未退，秋霖方始，宫中卑湿，请营一阁以居之。"太宗对曰："朕有气疾，岂宜下湿？若遂来请，靡费良多。昔汉文帝将起露台，而惜十家之产。朕德不逮于汉帝，而所费过之，岂谓为人父母之道也？"固请至于再三，竟不许。

【译文】

唐太宗贞观二年（628年），大臣上奏说："依照《礼记》中的记载来看，夏季的最后一个月，适合居住在高台楼阁上。如今夏季的暑热尚未消退，秋季的绵绵细雨刚刚开始，宫里低洼潮湿，请为陛下您营建一座楼阁来居住。"唐太宗说："的确，我有呼吸系统的疾病，怎么能居住在低洼潮湿的地方呢？但如果同意了你们的奏请，就会花费很多钱财。从前，汉文帝准备兴建露天台阁，因为珍惜相当于十户人家财产的费用而作罢。我的德行比不上汉文帝，而耗费的资财却要超过他，这难道是作为百姓父母的君主应该做的吗？"大臣们再三恳请，太宗始终没有同意。

【点评】

唐太宗李世民堪称中国古代皇帝中的明君典范。他在位23年，缔造了中国历史上的一个和谐盛世——贞观之治。究其成功的原因，他确立的以爱民为核心的民本思想发挥了极其重要的作用。李世民登基后，十分重视老百姓的疾苦，制定了一系列顺应民心的政策，他曾经对大臣说："为君之道，必须先存百姓，若损百姓以奉其身，犹割股以啖腹，腹饱而身毙。"上面这段文字讲的就是唐太宗节己顺民、俭约慎行的故事。正是由于他强调爱民，所以得到了百姓的拥护，使其统治下的唐王朝成为当时世界上最富强的国家。

《剑桥中国隋唐史》对唐太宗的评价：虽然太宗的统治以低调告终，但它是唐代的第一个鼎盛时期，而且在某些方面在整个中国历史上是无与伦比的。他留给他的继承者一笔庞大的遗产，合理和高效能的行政机构、繁荣的经济及广大的国土。虽然他在高丽的失败投下了阴影，但在一定程度上全国出现了自汉朝全盛时期以来所没有的兴旺景象，一个充满自信的、安定的和繁荣的局面。

显然，太宗时代的清平之治一定会使那些在他死后的不稳定的甚至危险的年代中继续供职的官员们产生深沉的追思。

上行下效　变奢从俭

《旧唐书·杨绾传》

（杨）绾素以德行著闻[①]，质性贞廉，车服俭朴，居庙堂未数月[②]，人心自化。御史中丞崔宽[③]，剑南西川节度使宁之弟，家富于财，有别墅在皇城之南，池馆台榭，当时第一，宽即日潜遣毁拆。中书令郭子仪在邠州行营[④]，闻绾拜相，座内音乐减散五分之四。京兆尹黎干以承恩[⑤]，每出入驺驭百余[⑥]，亦即三日减损车骑，唯留十骑而已。其余望风变奢从俭者，不可胜数。其镇俗移风若此。

【注释】

① 杨绾（wǎn）：唐朝中期的名臣，官至宰相。

② 庙堂：朝廷。借指以皇帝为首的中央政府。

③ 御史中丞：官名，负责监察工作。

④ 中书令：官名，负责协助皇帝处理政务。邠（bīn）州：在今陕西辖境内。

⑤ 京兆尹：官名，执掌京师，相当于今日首都的市长。

⑥ 驺驭（zōu yù）：指车马。

【译文】

杨绾一向以品行高尚而闻名，他生性正直廉洁，车马服饰节俭朴素，在中央做宰相不到几个月，人心自然而然地受到感化。御史中丞崔宽是剑南西川节度使崔宁的弟弟，家财富裕，在皇城南边有一所别墅，里边的水池、馆阁、台榭，在当时是最好的。崔宽在杨绾当上宰相的当天，便默不作声地派人把这座别墅给拆掉了。中书令郭子仪在邠州行营听说杨绾当了宰相，酒席上奏乐的乐工，即刻减去了五分之四。京兆尹黎干因为受到皇帝的宠幸，进出时光马夫驭手就有一百人，也在杨绾升任宰相三天后减少到只留下十多人。其他听到消息而改奢为俭的人，不可胜数。杨绾转移社会风气的影响力如此之大。

【点评】

榜样的力量是无穷的。杨绾在任职期间总是以德服众，为人公正，执法严明，所以他的节俭示范才收到如此效果。所谓上行下效，一朝一代的兴衰首先是从最高统治层开始的，这对于我们现在也是一个很好的借鉴。其实，民生的改善不仅需要政策的支持，更需要全社会形成爱民护民的良好风气，为官者能以身作则，拒绝奢腐，真正做到权为民所用、利为民所谋，这便是最大的“民生”。

“富国”先“富民”

〔清〕汪辉祖

藏富于民，非专为民计也。水旱戎役，非财不可长民者。保富有素，遇需财之时，恳恻劝谕，必能捐财给匮。虽吝于财者，亦感奋从公，而事无不济矣。且富人者，贫人之所仰给也。邑有富户，凡自食其力者，皆可藉以资生。至富者贫，而贫者益无以为养，有公事必多梗治之患。故保富是为治要道。

【译文】

把财富藏在人民的手中，并不是专门为老百姓考虑。一旦遇上水灾、旱灾和战争，除了钱财是不能够真正帮助老百姓的。政府一贯保护人民的财富，等到需要这些财富的时候，诚恳痛切地劝说大家，他们一定能够捐献自己的财物，接济穷困。即使是那些视财如命的人，也会受感动而听从政府的号召，这样就没有办不成的事情了。况且，富裕的人，是贫困的人赖以生存的对象。地方上如果有富裕的人家，凡是自食其力的人，都可以依靠他们而得以生存下去。如果有一天当富裕的人变得穷苦不堪，那些原来就十分贫穷的人，就更没有什么依靠了，在这个时候，如果刚好遇上政府有事要办，那就会遇到许多无法逾越的障碍，从而留下不少无法治理的祸患。因此，保持自己辖区内人民的富裕，是治理好政务的主要途径和办法。

【点评】

本文选自清朝汪辉祖的《学治臆说》。汪辉祖为清代官场奇才，几十年的幕府生涯让他对社会和官场看得入木三分，其著作也成了“居官者皆宜日览”的必读书。《学治臆说》记录了作者在做幕僚时和担任地方官期间的为官心得及所见所闻。汪辉祖为官，十分重视百姓的民生问题，他在任宁远知县期内，关心民间疾苦，审慎公允地处理民间诉讼案件，鼓励发展生产，教化民风，崇尚节俭，兴修水利，创办学院，这一系列的做法深得民心，受到了百姓的赞扬和歌颂。文章中的“富民”思想体现了作者为官的志向和准则。

官箴辑要

民者，国之根也。诚宜重其食，爱其命。民安则君安，民乐则君乐。——《三国志·吴书·陆凯传》

【大意】 人民，是国家的根本。实在应该重视他们的衣食，爱惜他们的生命。人民平安，君主就平安，人民快乐，君主就快乐。

安得广厦千万间，大庇天下寒士俱欢颜，风雨不动安如山。呜呼！何时眼前突兀见此屋，吾庐独破受冻死亦足！——〔唐〕杜甫《茅屋为秋风所破歌》

【大意】 怎样才能得到千万间宽敞高大的房子，普遍地保护天下间贫寒的读书人，让他们个个都开颜欢笑，房子不为风雨所动摇，安稳得像山一样？唉！什么时候眼前出现这样高耸的房屋，即便只有我的茅屋被吹破，自己受冻而死也甘心！

百姓足而后国富，百姓逸而后国安，未有民困穷国独富安者。——《明太祖实录》

【大意】 百姓丰衣足食，国家自然富强；百姓生活舒适，国家自然安定，从来没有百姓穷困而国家富强的道理。

民安足遂心中愿，年壮何妨到处家？——〔明〕于谦《连日灯花鹊噪漫成》

【大意】 老百姓安居乐业，这足以达到我的愿望；自己以此强壮之年，到处流徙，又有什么妨碍呢?

衙斋卧听萧萧竹，疑是民间疾苦声。——〔清〕郑板桥《潍县署中画竹呈年伯包大中丞括》

【大意】 在衙门中供官员休息的地方躺着，听见室外风吹竹子发出的声音，我猜测这是民间百姓发出的疾苦声。

民生问题

民生是社会的永恒话题。追溯历史，“民生”一词早已有之，历代对于民生的言论、政策、措施也层出不穷。本文从思想、改革、人物事例、诗文名句等角度，对中国古代民生问题作了梳理和总结。

民生思想古今谈

“民生”一词，古已有之。一般认为它最早出现在《左传》中，《左传·宣公十二年》记载：“民生在勤，勤则不匮，是勤可以免饥寒也。”这句话的意思是：百姓的生计在于勤劳，勤劳就不会缺少衣食，也就是说勤劳可以让人民免除受冻挨饿之苦。

重视民生、以民为本的思想早在殷周之际就有了萌芽。当时，周以边陲小邦的身份，取代了“神权统治代言人”的殷商政权，说明统治基础的稳固不仅需要“顺乎天”还需要“应乎人”。在《国语·郑语》中，也有“民之所欲，天必从之”的说法。可见，此时的政治文化观，已和自命为上帝之子的殷商有了极大区别，需要“敬天”，但更要“保民”。

民生思想的真正形成，是在春秋战国时期。先秦诸子中，重视民生疾苦的不在少数。

面对鲁哀公的问政，孔子回答：“处理政事没有比使人民富裕且长寿更要紧的了。”哀公追问：“应当怎么做到呢？”孔子回答：“节省百姓的劳役，减轻百姓的赋税，百姓就会富裕；加强对百姓的教育，使其远离犯罪与疾病，他们就长寿了。”此外，孔子还提出了“百姓足，君孰与不足？百姓不足，君孰与足”的观点。

有“古代最伟大民生思想家”之称的墨子，其主要思想几乎都蕴含着民生理念。他主张兼爱非攻，是对民生的关注和爱护。他主张清廉俭朴，认为这不仅有利于社会积累财富，更可以减轻人民负担。他还提出了“官无常贵，民无终贱”，目的在于改善百姓的地位。

中国古代民生思想的集大成者，当数孟子。孟子认为生民之道在于“制民之产”与“取民有制”，即一方面要发展生产，保障民生，同时也要防止取民无度，财富不公。孟子还坚信，只有得到人民的支持，才有资格做天下的共主。其重视民生的经典话语“民为贵，社稷次之，君为轻”，千百年来被广为传诵。

秦汉到明清时期，民生思想得到继承，并有所发展。历代统治者和思想家，大多认识到民生疾苦与政权统治的关联所在。

西汉初年政论家贾谊在《新书·大政》篇中指出：治国理政的人，没有不把人民当作根本的。“国以民为安危，君以民为威侮，吏以民为贵贱。”就是说国家依靠人民决定是安还是危，君主依靠人民决定是有威望还是受欺侮，官吏依靠人民决定是高贵还是低贱。这是论述民、国、君三者关系的最典型话语。此外，其名作《过秦论》更是以秦统一六国然二世而亡的历史教训，指出民生与政权的关系。

魏晋南北朝时期，社会动荡，一个国家和政权的存亡更是与统治者是否重民、得民有关。因此，三国时期吴国重臣陆凯提出：“夫民者，国之根也，诚宜重其食，爱其命。民安则君安，民乐则君乐。”

到了唐代，唐太宗、魏徵君臣称得上是对民生思想体认最深和最明确之人。唐太宗反复强调的“君舟民水”思想时至今日仍被广为引用。而作为谏臣的魏徵看到唐太宗逐渐懒于政事，追求奢靡，便上奏著名的《十渐不克终疏》，意在规劝皇帝牢记“民惟邦本，本固邦宁”的治国正道。

北宋仁宗时，大臣石介目睹当时的内忧外患，上书《论根本策》，对民生思想作了系统的阐发。他提出“民者，国之根本”的观点，并劝诫统治者要永存“养民”之“爱心”，采取“省差役、停贡献、抑兼并、斥游惰”等政策来改善民生，从而实现国家的长治久安。

明末清初，民生思想有了一个质的飞跃。当时的思想家黄宗羲、唐甄等人在明朝覆亡的刺激下，对政治进行了“制度的反省”。他们批判君主专制，黄宗羲还驳斥了轻视工商业的传统思想，指出工商业和农业一样，都是“民生之本”。这些思想打破了传统儒家重民、爱民的旧民本范式，开始走向民有、民主、民治的新范式。

到了近代，中国革命先行者孙中山提出的三民主义理论中包含有民生主义。后来，随着三民主义的不断完善，民生主义逐渐扩展到社会的各个方面，如支持农业发展、创办实业、发展商业和金融业、节制资本等。然而，受到当时环境的制约，孙中山的这些计划未能实现。

新中国成立后，人民实现了当家做主，中国的民生建设也掀开了新的一页。从“全心全意为人民服务”到“以经济建设为中心，大力发展生产力”，再到“三个代表”“建设社会主义和谐社会”，无不以民生为出发点和归宿。时至今日，改善民生仍是中国的第一要务，所谓改善民生就是“让群众得到看得见、摸得着的实惠”，这是实现以国家富强、民族振兴、人民幸福为主要内容的“中国梦”的题中之义和最终理想。梦想成真，民生改善是最好的诠释。

古代改革中的民生问题

中国古代的改革众多，其中或多或少都会涉及民生问题。

管仲改革 春秋时期齐国政治家管仲曾说："政之所行，在顺民心。政之所废，在逆民心。"为了使农民有更大的自主权，调动其生产积极性，他确立了按土地质量好坏和产量多少来征收租税的政策。齐国东边临海，管仲因地制宜，鼓励发展制盐业，让盐利成为齐国的主要收入，如此就减轻了百姓的赋税负担。他还加强对货币的管理和调节物价，使人民生活水平得到了一定改善。西汉史学家司马迁评价说："管仲相齐，顺百姓之美，匡救国家之恶，令君臣百姓相亲者，是管之能也。"

商鞅变法 战国是一个弱肉强食、相互兼并的时代。当时各国为了立足，纷纷变法革新，其中最著名的是秦国商鞅变法。先秦时期，贵族有世袭的特权，父亲是贵族，儿子就是贵族，他们世代享受着国家的俸禄，被称作世卿世禄。商鞅废除了这一制度，而实行军功爵制。就是说，平民百姓如果立有军功，也可以受爵受赏；而贵族如果没有军功则不能再享受特权。这就为一般百姓政治、经济地位的提升开辟了道路。商鞅还重新划分了田界，把土地分授给农民。百姓有了土地便可以安居乐业，勤勉耕作。于是，后人评价这次变法"移风易俗，民以殷盛，国以富强，百姓乐用，诸侯亲服"。

西汉初改革 西汉建立之初，统治者吸取秦朝二世而亡的教训，改变了治国方略，表现之一就是注重百姓的利益和生活。高祖刘邦刚进关中就把当地父老、豪杰召集起来，宣布：秦朝的严刑苛法，把众位害苦了，应该全部废除。现在我和众位约定，不论是谁，都要遵守三条法律：杀人者要处死，伤人者要抵罪，盗窃者也要判罪。刘邦的"约法三章"立刻受到百姓的拥护。汉文帝认为断肢体、刻肌肤等肉刑让犯人永遭唾弃，会断绝他们改过为善的道路，于是下令废除。此外，由于秦末战争，很多百姓流亡他乡。统治者采取恢复田宅、减免租税徭役的方法让他们重新回到家乡从事生产。就连皇帝自身也重视节俭，下诏禁止地方进献奇珍异物，以减轻人民的负担。汉初改革的结果开创了中国皇权社会的第一个盛世——文景之治。史书记载，当时国内政治安定，只要不遇水旱之灾，百姓总是家给人足，郡国的粮仓堆满了粮食。

北魏孝文帝改革 魏晋南北朝时期，社会动荡，民不聊生。北魏统一北方后，孝文帝着手进行改革。起初，北魏的官员没有俸禄，而是采取自筹的办法，当官者采取的手段就是抢夺、贪污和搜刮，人民深受其害。有鉴于此，孝文帝实行俸禄制，俸禄由国家统一发放，官吏若再随意抢夺，则严惩不贷。不久，孝文帝又颁行了均田制和新的租调制。均田制是将国家控制的无主土地按一定原则分授给农民耕种，农民得到了土地就有了生活的保证。而新的租调制则减轻了农民的赋税负担。

唐太宗改革 早年参与了推翻隋朝战争的唐太宗，目睹了隋王朝由兴到亡的整个过程。他认识到百姓的利益和境遇与国家的治乱兴衰密切相关，曾说："为君之道，必须先存百姓，若损百姓以奉其身，犹割股以啖腹，腹饱而身毙。"因此，唐太宗登基后便着手改善民生。他一改隋炀帝的横征暴敛，提出"与民同利"的思想，积极给百姓减负。他还设立义仓，以备在荒年之时可以开仓救济灾民。对于直接管理百姓的刺史，更是由太宗亲自选拔，即使是地方县令这样的小官，也要上报朝廷。这些改革使社会出现繁盛的景象。史书记载，当时百姓出门不会遇到盗贼，监狱常常空无一人，马牛布满原野，家家夜不关门。"人无水旱之弊，国无饥馑之灾。"

周世宗改革 纷乱的五代到后周时期逐渐走向统一的趋势。周世宗柴荣是一位比较杰出的人物，他曾说自己如果能当三十年的皇帝，就用十年开拓天下，十年养百姓，十年致太平。当时，社会贪污腐败风气严重，官吏不断向农民加征赋税，周世宗严惩了几位贪官，以儆效尤，同时下令将一切无名的苛捐杂税和徭役免除。此外，面对百姓逃亡、土地荒废的现实，他用招抚和减租的方法使人民回乡定居，确保了他们的安定生活。可惜，周世宗在位不到六年就病逝了，但他的改革颇见成效，为后来北宋统一奠定了基础。

清初改革　清朝入关后，统治者采取了一系列有利于民生的改革。先是鼓励百姓开垦荒地，如果百姓家里没有种子和耕牛，则由地方官府给予资助，田租减免的年限也由三年、四年放宽到六年甚至十年。康熙皇帝还下令将明代藩王的土地无偿交给所在地的农民耕种，农民有了自己的田地，不再成为“流民”。此外，明末为了对抗农民军和后金政权而不断加征赋税，称为“三饷”，令百姓难以维生。清初统治者下令将其免除。这些改革措施起到了稳定社会秩序、恢复经济的作用，为康乾盛世奠定了基础。

历史上九大亲民官

召公奭　周文王之子，周武王的弟弟，曾辅佐武王灭商。因其最初的封地在召（今陕西扶风东北），所以被称为召公。周成王时，召公出任太保一职，与周公旦分陕（今河南陕县）而治，陕以东的地方归周公旦管理，陕以西的地方归他管理。召公常常亲自巡行乡里，为了不搅扰百姓生活，他所到之处不占用民房，而是在一棵甘棠树下停车驻马，听讼决狱，搭棚过夜。当政期间，召公将其辖区治理得政通人和，贵族和平民各得其所，因此深受百姓爱戴。后人为了纪念召公，都舍不得砍伐那棵甘棠树，还作了《甘棠》（《诗经·召南》中的一首诗）这首诗来歌颂他勤政爱民的美德，从而留下了“甘棠遗爱”“甘棠之思”的成语典故。

刘宠　东汉地方官员。在任会稽太守时，当地山里的老百姓朴实拘谨，有的人从小到老都没进过集市，因此往往被官吏欺诈。刘宠废除烦琐的规章制度，禁止部下欺民扰民，郡中由此秩序井然，百姓安居乐业。不久，刘宠升职入京，山阴县（会稽郡的首县，今浙江绍兴）有五六位老人，特意从乡下赶来给他送行，每人带了百文钱送他。刘宠问道：“各位父老何必这样呢？”老翁们回答说：“别的太守在任时，派官吏到民间搜求财物，白天黑夜不断，有时狗叫通宵，百姓不得安宁。自从您到任以来，夜里听不见狗叫声，真可谓太平盛世啊。现在听说您要离开此地，我们特意带薄礼来送行。”刘宠见推托不过，不得已从钱中挑选一个收下，以示纪念。因此，后人称他为“一钱太守”。

白居易 唐代著名诗人，也是一位关心百姓疾苦的地方官。在做谏官时，白居易就屡次上书请求皇帝关注民生、革除弊政。他写了大量讽喻诗揭露官僚剥削压迫人民的现实。他的诗力求让百姓都看懂，据说他每写好一首，都要读给不识字的老奶奶听，听得懂的，才拿出去。在地方做官时，白居易每到一处，都力争为人民多做有益的事。在做忠州刺史时，他号召百姓开荒生产，并改进税收办法，增加豪富地主的税款，以减轻贫苦农民的负担。每次主持群众聚会，他都席地而坐与民同乐。有些官员见此说道：“‘贵’‘贱’杂处，不成体统。”白居易对这种议论毫不理睬。后来，忠州人为了纪念这位亲民的好官，修建了“白公祠”。

范仲淹 北宋著名政治家、文学家。他出身贫寒，从政后便十分关心民间疾苦。有一年，蝗灾、旱灾蔓延全国。范仲淹上书朝廷请求巡察处理，却没有回音。他十分气愤，冒着丢官的危险质问皇帝：“宫中的人如果半天不吃饭，会怎样呢？江淮等地饥民遍野，怎能熟视无睹？”皇上无言以对，便派他去安抚灾民。范仲淹每到一地，便开官仓、发官钱救济灾民。和百姓一起的日子里，他看到饥饿的人们常常挖一种叫“乌味草”的野草充饥，尝一尝，粗糙苦涩难以下咽。回京时，范仲淹特意带回“乌味草”，呈献给皇帝，还请他传示六宫贵戚、朝中大臣，以劝诫他们勿忘百姓的疾苦，杜绝奢侈的恶习。无论官居何职、身处何地，范仲淹心里始终装着“全城人民”，而舍弃“一家富贵”。“先天下之忧而忧，后天下之乐而乐”，正是范仲淹一生的真实写照。

包拯　北宋名臣，其公正廉洁、为民除害、不畏强权的故事深入人心，并以小说、评书等形式呈现于世。当时，端州（今广东肇庆）产的端砚是宋朝士大夫最珍爱的雅器，当地每年向朝廷进贡。凡在这里做知州的官员，都在规定的数量外加征几十倍的数额以贿赂朝廷权贵，此举无疑加重了百姓的负担。包拯在知端州时，一上任就下令州县官员只能按规定数量生产端砚，一律不准私自加码，违者重罚；并且表态，自己决不要一块端砚。后来，他任开封府尹，当时平民告状都要先通过门牌司才能上交案件，时常被小吏讹诈。包拯改革诉讼制度，裁撤了门牌司，老百姓都盛传"关节不到，有阎罗包老"。在处理案件时，他也执法严峻，一视同仁。这样一位亲民爱民的好官，成了百姓心中的青天，因此有着"包青天"的美誉。

于谦　明朝大臣，民族英雄。他十分关注民生，在得知陕西各处官员骚扰百姓后，上书皇帝要求派御史逮捕他们。皇帝知道于谦可以担此重任，亲自任命他巡抚河南、山西。于谦到任后，轻装骑马走遍了所管辖的地区，访问父老，考察当地各项应该兴办或者革新的事，并立即着手办理。为了民生，他上书说："现在河南、山西都积蓄了数百万斤粮食。请在每年三月时，令府州县报上缺少食物的下等民户，然后按比例支给他们粮食，等秋收后再偿还，因年老有病以及贫困而不能偿还的则给予免除。"皇帝表示同意。他还下令百姓种树挖井，结果当地榆柳夹道，行人也不再受渴了。于谦在山西、河南等地任职达19年，甚得民心，被称为"于龙图"（这是相对于包龙图而言，包龙图是小说和戏剧中对包拯的称谓，因其曾任龙图阁直学士一职而得名）。

海瑞　明代著名清官。初入官场时，他被任命为淳安知县。这个地方苛捐杂税多，疑难案件多，百姓生活困苦。海瑞到任后，明断案件；为减轻百姓负担，他带头节俭，穿布袍、吃粗粮糙米，甚至让仆人亲自种菜。淳安由此大治。他离任时，家家户户都在门前的供桌上摆放一碗清水和一面明镜，以此颂扬他"清如水，明如镜"的官德。在任应天巡抚期间，海瑞大力反腐，很多贪官污吏主动辞职，地位显赫的权贵听说海瑞来了，都把红色的大门改漆成黑色。由于应天地处鱼米之乡，水利十分重要，海瑞亲自主持疏浚河道，修建水利工程，使农民得到了切实的好处。此外，当地百姓的土地有被富豪兼并的，海瑞也全力帮助夺回，交还原主。海瑞为官，深受百姓的爱戴，百姓都称呼他为“海青天”。

郑板桥 清康乾时期画家，也是一位颇有政声的地方官，这集中反映在他任河南范县、山东潍县知县期间。在范县任上，郑板桥经常深入田间地头问民疾苦，上级官员来视察工作，很少能在衙门里找到他，都要到乡野田陇上去寻找。任职潍县时，山东正遇大饥荒，竟出现了人相食的惨状，原本繁华的潍县民不聊生。郑板桥主持开仓赈灾，让百姓凭救济券领取救灾物资，甚至把自己的薪俸捐出来救济灾民。为了保护小商贩利益，免受小吏靠山吃山、靠水吃水的中间剥削和经纪人的欺行霸市，他特颁布条例，以改此弊政。史书记载，郑板桥做潍县知县，勤政廉政，无积案，亦无冤民，深得百姓拥戴。

姚柬之 清道光时期地方官，早年受学于著名文学家姚鼐。他在临漳（今河北临漳）做知县时遇到水患，酿成了大灾。姚柬之向朝廷上报灾情后，没等回复便私自调粮救济百姓。当时有人担心他会因此而丢官，姚柬之则说：“丢一个官，却可以保全众多百姓的性命，我有什么后悔的呢？”后来，他的这一举动获得了嘉奖。当时，朝廷中有大臣勘察漳河后，上书皇帝说要恢复黄河故道。姚柬之立刻巡视临漳全境，发现此地都属黄河故道的范围，如果改易河道，县中所有田地都会被淹没，于是他写了《漳水图经》一书，力陈民生不可夺、故道不可复的道理。在广东做官时，他当众宣誓：“我治理这个地方，不爱官，不爱钱，不怕死。”并亲自处置不法之徒，为民解难，由此而威名大震。

克勤克俭

力而俭者富

《韩非子·显学》

今世之学士语治者多曰："与贫穷地以实无资。"今夫与人相若也，无丰年旁入之利而独以完给者，非力则俭也。与人相若也，无饥馑、疾疚、祸罪之殃独以贫穷者①，非侈则惰也②。侈而惰者贫，而力而俭者富。今上征敛于富人以布施于贫家，是夺力俭而与侈惰也，而欲索民之疾作而节用，不可得也。

【注释】

① 饥馑、疾疚、祸罪：谷物不熟为饥，蔬菜不熟为馑，久病为疚。

② 惰（duò）：通"惰"。

【大意】

当今的学者谈论治理国家的问题总是说："给贫穷的人一些土地，以便使这些没有资财的人充实富裕起来。"现在情况是，那些和别人条件相似，既没有碰上丰收的年成，也没有其他额外的收益，却唯独能够自给自足的人，不是因为勤劳，就是由于节俭。那些和别人的条件差不多，没有受到饥荒、疾病、灾祸、刑罚的伤害，却偏偏贫穷的人，不是因为奢侈，就是由于懒惰。奢侈又懒惰的人会贫穷，勤劳而节俭的人能富足。现在君主向富足的人家征收财物去施舍贫穷的人家，这是掠夺勤俭节约者的财物而送给奢侈懒惰的人，这样还想让民众勤快耕作和省吃俭用，是根本办不到的。

【点评】

自古以来勤俭节约就是中华民族的传统美德，修身、齐家、治国都离不开这一优良传统。

韩非子讲得很明确：资财相当的人，在客观条件相同的情况下，有的富有，有的贫困，其原因就在于是否勤劳节俭。古人曾说：“俭，德之共也；侈，恶之大也。”建国初期，有一首歌唱得好：“勤俭是咱们的传家宝，社会主义离不了。”可见，勤俭绝不是小气，而是一种操守，是一种品行，是一种素养，是一种文明，应该被广泛传承。大到国家，小到家庭，不分贫富大小，如果勤俭文明之风盛行，将是国之本、家之幸、民之福。

戒奢尚俭

《帝范·崇俭》

夫圣代之君，存乎节俭。富贵广大，守之以约；睿智聪明，守之以愚。不以身尊而骄人，不以德厚而矜物。茅茨不剪，采椽不斫①，舟车不饰，衣服无文，土阶不崇，大羹不和②。非憎荣而恶味，乃处薄而行俭。故风淳俗朴，比屋可封③，此节俭之德也。斯二者荣辱之端，奢俭由人，安危在己。……桀纣肆情而祸结，尧舜约己而福延。可不务乎？

【注释】

① 茅茨不剪，采椽不斫：出自《韩非子·五蠹》：“尧之王天下也，茅茨不剪，采椽不斫。”常用来形容生活简朴。茅茨（cí），茅草盖的屋顶，也指茅屋。采，柞木。斫（zhuó），砍削。

② 大羹不和：原指为了吃到食物的本味，在羹中不放调味品。这里形容在饮食上不讲究。

③ 比屋可封：在尧舜时代，贤人很多，几乎每家都有可受封爵的德行。后用来比喻社会安定，民俗淳朴，也形容教育感化的成就。

【大意】

身处太平盛世的君主，心中应常存节俭的美德。虽然贵为天子，富有四海，但要时时以节俭为准绳来警戒自己；虽然智慧高超，才能卓越，但要表现得大智若愚，以拙藏巧。不能因为自己地位尊贵就颐指气使，飞扬跋扈，也不要因为自己德行深厚就不可一世。上古圣明的君王所住的房子的屋顶是用茅草覆盖的，而且没有修剪整齐，柞木的椽子还没有被砍削光滑，坐的车船没有任何装饰彩绘，穿的衣服也一点都不华丽，泥土筑的台阶很低，吃饭只图饱腹而不求味美。他们之所以这样做，不是因为憎嫌荣华，讨厌甘美，而是要求自己处在简朴的环境中，身体力行提倡勤俭，希望能为百姓作出榜样。这样，民风就逐渐变得纯朴了，老百姓人人都有德行，这是君主倡导节俭的初衷。节俭和骄奢是荣与辱的开端，奢侈与节俭由人自身决定，平安与危亡也由自身决定。……夏桀、商纣纵肆情意，最终酿成大祸；唐尧、虞舜约己修身，从而福泽绵延。比较桀纣的败亡和尧舜的兴盛，难道不应该更好地躬行节俭的良方吗？

【点评】

古往今来，明晓“成由俭败由奢”之理且以此教育臣民和子弟的帝王不知凡几。不幸的是，当国阜民康之时，那些曾经清醒的皇帝，大多不可避免地陷入物欲横流、暴殄天物的泥淖，成为后人的反面样板，真正能将勤俭一以贯之的少之又少，唐太宗算是其中之一。他所开创的“贞观之治”是封建时代少有的太平盛世，盛世的出现固然有许多原因，其中最不能被忽视的就是崇俭。我们绝不能简单地去理解俭朴二字，因为俭朴不仅是一种生活方式，更是一种精神风范，它导引人们不断迈向对真善美的追求，也警示人们不要走向假丑恶的歧途。

元宫“誓俭草”

《草木子·谈薮》

元世祖皇帝思太祖创业艰难[①]，俾取所居之地青草一株，置于大内丹墀之前[②]，谓之“誓俭草”。盖欲使后世子孙知勤俭之节。

至正间[③]，大司农达不花公作宫词十数首[④]，其一云：墨河万里金沙漠，世祖深思创业难。却望阑干护青草，丹墀留与子孙看。

【注释】

① 元世祖皇帝：即忽必烈（1215—1294），在位 35 年，是元朝的建立者。

太祖：即成吉思汗（1162 — 1227），他在位期间多次发动对外征服战争，征服地域西达西亚、中欧的黑海海滨。元朝建立后，忽必烈追尊成吉思汗为元朝皇帝，庙号太祖。

② 丹墀（chí）：指宫殿或祠庙前的石阶。

③ 至正：元惠宗的第三个年号，也是元朝的最后一个年号，时间从 1341 年到 1368 年。

④ 大司农：官名，掌劝课农桑、水利、救荒等事。

【大意】

元世祖忽必烈念及成吉思汗开创大蒙古国事业之艰难，让人从成吉思汗兴业的地方摘取一株青草，并将它种在了宫殿台阶的前面，称其为“誓俭草”。种这株草的目的是让元朝皇帝的后世子孙懂得勤政节俭的道理。

至正年间，大司农达不花公创作了数十首关于宫廷生活的诗歌，其中有一首是这样的：墨河万里金沙漠，世祖深思创业难。却望阑干护青草，丹墀留与子孙看。

【点评】

《草木子》一书为元末明初的著名学士叶子奇所作，该书涉及的范围颇为广泛，对天文律历、时政得失、兵荒灾乱以及动植物的形态，都广博搜罗，仔细探讨，是研究元朝及明初历史的重要资料。

成吉思汗一生南征北战，建立了大蒙古国，也为元朝的建立打下基础。作为继承者和守成者，忽必烈种誓俭草于大殿台阶之下，目的是让它时刻提醒自己并警示后继者要体会前人开创基业的艰辛和劳苦，珍惜前人留下的成果，做到勤于政事，俭于生活。然而，事与愿违，忽必烈死后，元朝的皇帝们很快将祖训抛诸脑后，他们安逸享乐，挥霍无度，终使元朝成为一个短命的王朝。

官箴辑要

克勤于邦，克俭于家。——《尚书·大禹谟》

【大意】 在国家事业上要勤劳，在家庭生活上要节俭。

有国者未尝不以恭俭也，失国者未尝不以骄奢也。——〔汉〕韩婴《韩诗外传》

【大意】 保有国家的人未尝不是因为谦恭和节俭，失掉国家的人未尝不是因为骄傲与奢侈。

历览前贤国与家，成由勤俭破由奢。——〔唐〕李商隐《咏史》

【大意】 遍观历代圣贤治国治家的经验教训，成功皆因勤俭，败亡皆因奢侈。

一粥一饭，当思来处不易；半丝半缕，恒念物力维艰。——〔明〕朱柏庐《朱子治家格言》

【大意】 一碗粥一碗饭，也应当想到得来是不容易的；半根丝半根线，也应常想到这些东西生产出来是很艰难的。

无论大家小家，士农工商，勤苦俭约，未有不兴，骄奢倦怠，未有不败。——〔清〕曾国藩《曾国藩家书》

【大意】 无论世家望族还是寒门小户，无论为官者、农民、手工业者还是商人，只要辛勤劳动、生活节俭，没有不兴旺发达的，但凡骄奢淫逸、不思进取，没有不走向败亡的。

勤俭，治家之本；和顺，齐家之本；谨慎，保家之本；诗书，起家之本；忠孝，传家之本。——〔清〕金缨《格言联璧》

【大意】 勤俭，是治家的根本；和顺，是齐家的根本；谨慎，是保家的根本；诗书，是起家的根本；忠孝，是传家的根本。

勤俭节约

季文子论俭

《国语·鲁语》

季文子相宣、成[①]，无衣帛之妾，无食粟之马。仲孙它谏曰[②]："子为鲁上卿[③]，相二君矣，妾不衣帛，马不食粟，人其以子为爱[④]，且不华国乎！"文子曰："吾亦愿之。然吾观国人，其父兄之食粗而衣恶者犹多矣，吾是以不敢。人之父兄食粗衣恶，而我美妾与马，无乃非相人者乎！且吾闻以德荣为国华，不闻以妾与马。"文子以告孟献子[⑤]，献子囚之七日。自是，子服之妾衣不过七升之布[⑥]，马饩不过稂莠[⑦]。文子闻之，曰："过而能改者，民之上也。"使为上大夫。

【注释】

① 季文子：即季孙行父，春秋时期鲁国的执政大臣，谥号文，史称"季文子"。宣、成：鲁国的两代国君鲁宣公和鲁成公。

② 仲孙它：鲁国大夫，即下文的子服。

③ 上卿：官名。春秋时期，各诸侯国都有卿，是高级长官，分为上、中、下三级。季文子在鲁国的地位实际比上卿要高。

④ 爱：吝啬。

⑤ 孟献子：仲孙它之父，春秋中期鲁国政治家、外交家，鲁国孟氏家族振兴的重要贡献者。

⑥ 七升之布：古时的布以八十缕为一升。《礼记·杂记》载："朝服

十五升。”七升之布，尚不足朝服用布的一半，是很粗的布。

⑦饩（xì）：饲料。稂（láng）莠：两种杂草，可用来喂牲畜。

【大意】

季文子担任鲁宣公、鲁成公两代国君的相，但生活节俭，他的妾不穿丝绸，他的马不喂精料。仲孙它劝他说：“你是鲁国的上卿，辅佐两代国君，而你的妾不穿丝绸衣服，马不用精料喂养，人们会认为你吝啬，况且这样也有损国家的光彩啊。”季文子说：“我也愿意富贵奢华。但我看到我国的百姓，他们的父兄吃粗食、穿破衣的还很多，因此我不敢这样做。人家的父兄吃粗食、穿破衣，而我却把妾与马养得那样美，这不像是一国之相的作为啊！况且我听说，只有德行高尚才能为国家增添光彩，没听说把妾与马养得美就能为国家增添光彩的！”季文子把这件事告诉了孟献子，孟献子把仲孙它禁闭了七天。从此以后，仲孙它的妾也只穿粗布衣服，他的马也只用杂草喂养了。季文子得知这种情形后说：“有过失而能够改正，是可以成为人上人的。”于是升任仲孙它为上大夫。

【点评】

子曰：“富与贵，是人之所欲也。”但富贵不应与奢侈浮靡相伴。季文子出身于三世为相的家族，一生执政长达三十余年，辅佐了鲁国三代君主，可谓富贵已极。但他却居家节俭、体恤民艰，并以亲身言行感召着年轻官员，使他们知道，奢侈挥霍并不光彩，只有胸怀高尚、心系百姓，才会得到真正的尊敬与推崇。季文子去世前曾留下遗命，要求薄葬，将俭省节用贯彻了一生。清代名臣董邦达说：“贵而过奢，其势必至于贪婪，权力重，则取求易也。”诚如斯言，奢侈滋生贪婪，贪婪导致腐败。清廉为官，应从节俭始。

王安石待客

《独醒杂志》

王荆公在相位[①]，子妇之亲萧氏子至京师[②]，因谒公，公约之饭。翌日，萧氏子盛服而诣，意为公必盛馔。日过午，觉饥甚而不敢去。又久之，方命坐，果蔬皆不具，其人已心怪之。酒三行，初供胡饼两枚[③]，次供猪脔数四[④]，顷即供饭，傍置菜羹而已。萧氏子颇骄纵，不复下箸，惟啖胡饼中间少许，留其四傍，公取自食之。其人愧甚而退。

【注释】

① 王荆公：即王安石，北宋著名政治家、文学家，唐宋八大家之一。晚年封荆国公，故称王荆公。

② 子妇之亲：儿媳妇家的亲戚。

③ 胡饼：即现在的馕。胡，古代对少数民族的蔑称。

④ 脔（luán）：切成小块的肉。

【大意】

王安石担任宰相的时候，儿媳妇家的亲戚萧氏之子来到京城，顺便去拜见王安石，王安石便邀他一同吃饭。第二天，萧氏之子穿着华丽的衣服前往赴宴，以为王安石一定会准备丰盛的食物来款待他。过了中午，萧氏之子感到十分饥饿，但又不敢离开。又过了很久，王安石才安排他入席，只见桌上并未准备果品蔬菜，萧氏之子感到十分奇怪。他们饮过几杯酒后，先上了两块胡饼，又上了四块猪肉，之后很快就上饭了，一旁仅佐以菜汤而已。萧氏之子素来骄奢，便不再动筷子，只吃了胡饼中间的一小块，把四边都留了下来，王安石取来剩下的四边自己吃了。萧氏之子感到十分羞愧，便告辞离去。

【点评】

王安石在宋神宗时官至宰相，可谓位极人臣，却从不弄权为私。他一生为官清廉，衣食住行极为简朴，令人称道。以饮食为例，王安石不但自己粗茶淡饭，而且极其反对奢华宴请。遇不得不请之客，他也会力求节俭。如这次亲戚来访，于情于理确应招待，但席间菜肴殊为清素，仅“胡饼两枚”、“猪脔数四”和“菜羹”而已，使这位向来骄奢的亲戚不忍下箸。王安石则怡然自适，甚至把亲戚吃剩的胡饼都“打扫”殆尽。如此待客，看似不够风光体面，但王安石以宰相之尊，厉行节俭之事，狠刹了当时社会上流行的铺张奢侈之风，可谓切中时弊、意义深远。

清廉第一于成龙

《郎潜纪闻二笔》

国朝贤臣，必以于清端为清廉第一①。自江防迁闽臬②，舟将发，趣人买萝卜至数石。人笑曰：“贱物耳，何多为？”公曰：“我沿途供馔，赖此矣。”其自北直赴江宁也，与幼子赁驴车一辆，各袖钱数十文，投旅舍，未尝烦驿递公馆也。在制府署，日惟啖青菜，江南人或呼为“于青菜”。仆从无从得茗，则日采衙后槐叶啖之，树为之秃。诸子冬衣褐，或木棉袍，未尝制一裘。官楚时，长公子将归，署中偶有腌鸭，刳半与之。民间有“于公豆腐量太狭③，长公临行割半鸭”之谣。公卒之日，僚吏见床头敝笥中④，惟绨袍一袭，靴带二事，瓦瓮中粗米数斛，盐豉数器而已⑤。

【注释】

① 于清端：即清朝大臣于成龙，死后谥号清端。

② 江防：即“下江防道”，官职名，负责长江的军事防卫工作。闽臬

（niè）：即福建按察使。

③ 于公豆腐量太狭：于成龙在湖北做官时，连吃豆腐都倍加节省，因而得此民谣。

④ 笥（sì）：盛饭或衣物的方形竹器。

⑤ 盐豉：即豆豉，用黄豆煮熟霉制而成，常用以调味。

【大意】

清代贤臣中，论清廉，于成龙当数第一。于成龙由下江防道调任福建按察使，乘船前往福建。快要开船时，他让手下人买了好几担萝卜。送行的人笑道："你买这么多不值钱的萝卜干什么？"于成龙答："我沿途的饮食，就全靠这些萝卜了。"还有一次，于成龙从直隶到江宁赴任，与幼子同行，父子俩租了一辆驴车，每人带数十文钱，途中自己掏钱住旅店，而不住公家的驿馆。他在江南担任总督的时候，每天只吃青菜，江南人因此称他为"于青菜"。于成龙的仆人因家中没有茶叶，便每天采摘衙门后院的槐树叶泡水喝，以至把槐树叶都摘光了。于成龙的儿子们，冬天只穿短衣或木棉袍，没穿过一件皮袄。在南方做官时，于成龙的大儿子要回老家，他便把厨房里仅有的一只腌鸭切了一半，让儿子拿走。因此民间有"于公豆腐量太狭，长公临行割半鸭"的说法。于成龙去世时，僚属们去吊唁，发现他床头的一个旧竹筐里，只有粗丝袍一件、靴子一双、腰带一根，此外，就只剩瓦缸中的几斗米和几罐盐豉了。

【点评】

清代名臣于成龙，沉浮宦海二十余年，从知县做起，官至尚书、总督、大学士，品阶愈升愈高，清操苦节却一如既往。他日常生活中的小故事得以传颂民间，获得了"半鸭知县""于青菜"等众多雅号。在几次调职途中，舟车自备、饭食自给、旅宿自费，主动放弃"三公消费"的待遇。他以卓著的政绩和清廉俭朴的生活，深得百姓爱戴和朝廷赞誉，终以康熙皇帝所赞"天下廉吏第一"而蜚声朝野。

官箴辑要

去无用之费，圣王之道，天下之大利也。——《墨子·节用上》

【大意】 取消不必要的费用，这是圣明君主的治国之道，对天下百姓也是大有好处的。

足国之道，节用裕民，而善藏其余。——《荀子·富国》

【大意】 使国家富足的办法在于节省费用而让百姓富裕起来，并善于贮藏剩余的财物。

生之有时而用之亡度，则物力必屈。——〔汉〕贾谊《新书·无蓄》

【大意】 庄稼生长是有季节的，如果享用它没有一定的限度，那么可供使用的物资很快就会耗尽。说明在生活上应当采取节用的原则。

山林不能给野火，江海不能灌漏卮。——〔汉〕王符《潜夫论·浮侈》

【大意】 山林经不住野火的焚烧，江海的水灌不满有漏洞的酒杯。意思是奢侈浪费，即便再多的财富也不能满足。

俭开福源，奢起贫兆。——《魏书·李彪传》

【大意】 节俭能打开幸福的源泉，奢侈是导致贫困的开始。说明治国治家必须注意节俭，不可追求奢华。

风俗不纯俭，则财用无丰足。——〔宋〕林逋《省心录》

【大意】社会风气如果不朴素俭省，那么钱财物用就不会丰富充足。

富国之术，不在乎聚敛而在惜费。——〔宋〕辛弃疾《九议》之七

【大意】使国家富强的方法，不在于用重税搜刮人民而在于节约消费。

不患不富，患不知节。——〔明〕张居正《请裁抑外戚疏》

【大意】不担心富裕不了，就担心花销太大、不知节制。

莫恃黄金积满阶，等闲费尽几时来？——〔明〕冯梦龙《醒世恒言·杜子春三入长安》

【大意】不要自恃拥有满屋的黄金，如果你恣意挥霍，一旦用完，什么时候还会再来呢？意思是人不可浪费钱财，应节俭度日。

清正廉洁

不收礼，更不送礼

《元史·刘容传》

（刘）容幼颖悟，稍长，喜读书。其俗素尚武，容亦善骑射，然弗之好也。中统初①，以国师荐，入侍皇太子于东宫，命专掌库藏。每退②，即诣国子祭酒许衡③，衡亦与进之。至元七年④，世祖驻跸镇海⑤，闻容知吏事，召至，命权中书省掾⑥。事毕复前职，以忠直称。十五年，奉旨使江西，抚慰新附之民。或劝其颇受馈遗，归赂权贵人，可立致荣宠。容曰："剥民以自利，吾心何安。"使还，惟载书籍数车，献之皇太子。

【注释】

① 中统：元世祖忽必烈的年号之一，时间从 1260 年至 1264 年，共历 5 年。

② 退：退值，即当值完毕，多指退朝。

③ 国子祭酒：古代学官名，为国子监的主管官。

④ 至元：元世祖忽必烈的年号之一，时间从 1264 年至 1294 年，共历 31 年。

⑤ 镇海：位于今浙江宁波。

⑥ 中书省：古代官署名。总领百官，掌行政大权。

【大意】

刘容从小就很聪明，稍大一点，便喜爱读书。他家乡的传统是崇尚武功，刘容也因此善于骑马射箭，但这并不是他的爱好。中统初年，由国师推荐，刘容被选入东宫侍奉皇太子，职责是掌管库藏之事。每次退朝，刘容便去找国子祭酒许衡请教，许衡也很乐于接待他。至元七年，元世祖留驻镇海，听说刘容通晓吏治之事，便召他前来，暂时担任中书省的僚属。工作完成后，继续担任原职，并以忠直得到称赞。至元十五年，刘容奉旨出使江西，安抚新近归附的百姓。有人劝他接受些别人的馈赠，从而回去贿赂当朝权贵，这样可以迅速得到恩宠，以便升官。刘容说：“剥削百姓以追求个人的利益，我的心怎么能够安稳呢！”他从江西回来，只载了几车书籍，并将其献给皇太子。

【点评】

中国古代官场中，高官接受礼物以徇私情，下官馈赠礼物以求富贵之风盛行，屡禁不止。这些礼物归根到底是搜刮百姓所得，而这种不良风气带来的后果往往是官场腐败、庸官当道、制度不行、民生凋敝，最终导致国破家亡。为官多年、饱读诗书的刘容对此有深刻的认识，在面对权钱诱惑之时，他毫不犹豫地说：“剥民以自利，吾心何安。”这句话掷地有声，体现了中国古代循吏爱民如子、清正廉洁的品质，堪称后世的楷模。

徐均拒收贿赂

《明史·徐均传》

时有徐均者，阳春主簿也[①]。地僻，土豪得盘踞为奸。邑长至，辄饵以厚赂，从而把持之。均至，吏白应往视莫大老。莫大老者，洞主也[②]。均曰：“此非王民邪？不来且诛。”出双剑示之。大老恐，入谒。均廉得其不法事[③]，系之狱。诘朝[④]，以两瓜及安石榴数枚为馈，皆黄金美珠也。均不视，械送府。府官受赇纵之归[⑤]，复致前馈。均怒，欲捕治之，而府檄调均摄阳江[⑥]，阳江大治。

【注释】

① 阳春：地名，今广东阳春。主簿：古代掌管官府文书账簿的官员。

② 洞主：古代南方少数民族部落首领。

③ 廉：察考，访察。

④ 诘朝：同“诘旦”，即平明，清晨。

⑤ 赇：贿赂。

⑥ 阳江：地名，今广东阳江。

【大意】

明朝有个叫徐均的人，任阳春县主簿。阳春这个地方偏僻，当地有钱有势的人结成团伙干些不法之事。县长一来，这些有钱有势的人就以丰厚的财物进行贿赂，从而将县长控制在他们自己手里。徐均来到阳春，属吏对他说应该前去看望莫大老。这位莫大老，是当地少数民族部落的首领。徐均说：“他难道不是天子的臣民吗？他不来拜见就杀了他。”于是拿出双剑给属吏看。莫大老心生恐惧，前来拜见。徐均通过访察知道他做了很多违法之事，于是将其关进监狱。次日，莫大老以两只瓜和安石榴数个作为礼物赠给徐均，其实这些都是黄金和珍珠。徐均看都不看，将莫大老押到府中治罪。但府官接受了贿赂从而把莫大老放了回来，莫大老继续将前次的黄金、珍珠送给徐均。徐均大怒，想要逮捕他治罪，此时他收到了府里发来的公文，让其到阳江为官，从此阳江被治理得非常好。

【点评】

作为地方官员的徐均在处理不法之事时拒绝受贿，秉公断案，堪称廉洁自律的典范。然而，在钱财面前，也有人会迷失自我。莫大老见贿赂徐均不成，转而行贿比徐地位高的府官，结果成功逃脱了处罚。可见，反腐非一人之事，而是人人之事，只有每个人都做到拒绝腐败，社会才能清明，国家才能稳定。此外，越是社会高层，越要加大打击腐败的力度，这样才能保证在法律和制度面前人人平等。

送礼者与受礼者一并从重治罪

《清实录·圣祖实录》

朕惟致治雍熙①，在于大小臣工，悉尚廉洁，使民生得遂。内外满汉文武官员，各有职守，必律己洁清，屏绝馈受，乃能恪恭职业，副朕任使②。近闻在外文武官，尚有因循陋习，借名令节生辰，剥削兵民，馈送督、抚、提、镇、司道等官③。督、抚、提、镇、司道等官复苛索属员，馈送在京部院大臣、科道等官④。在京官员，亦交相馈遗。前屡经严禁，未见悛改，殊违洁己奉公之义。兵民日渐困乏，职此之由。以后著痛加省改，断绝馈受，以尽厥职。如仍蹈前辙，事发之日，授受之人一并从重治罪，必不姑贷。

【注释】

① 致治：使国家在政治上安定清平。雍熙：和谐。

② 任使：差遣，委用。

③ 督：总督，清朝时统辖一省或数省行政、经济及军事的长官。

抚：巡抚，清朝主管一省军政、民政的地方长官。

提：提督，职掌军政，统辖诸镇，为地方武职最高长官。

镇：镇将，各镇中主管军民的长官。

司道：清朝时隶属于巡抚的专设机构，归巡抚管辖。

④ 部院：清代中央六部和都察院的合称。

科道：明清六科给事中与都察院十三道监察御史的总称。

【大意】

我认为国家政治上的安定和谐，全在于大小官员崇尚廉洁，让百姓生活安定。朝廷内外的满汉文武官员各有各的职责，必须以清正廉洁要求自己，拒绝馈赠纳贿，这样才能恪守职责，与我委任的初衷相符。最近我听说在外的文武官员承袭旧的坏习惯，借着节令和生日的名义，剥削手下的士兵和百姓，并将这些钱财赠送给总督、巡抚、提督、镇将和司道等官。总督、巡抚、提督、镇将和司道等官又苛刻地勒索属下官吏，以馈送在京的各部院大臣、科道等官。在京的官员，也互相馈赠钱物。此前已多次严厉禁止这种行为，却不见悔改，严重违反了廉洁奉公的意义。如今，士兵和百姓日益贫困，原因就在于此。此后应该痛加反省改进，断绝互相馈赠之风，以尽各自的职责。如果仍和以前一样，事发的时候，送礼之人与接收礼物之人一并从重治罪，绝不轻饶。

【点评】

早在春秋时期，齐国贤相晏婴就指出："廉者，政之本也。"康熙九年（1670），是康熙皇帝亲理政务的第四年，也是飞扬跋扈一时的鳌拜集团被铲除的第二年，此时，这位励精图治的青年天子决心整肃官场，反腐成为第一要务。于是，康熙向吏部和兵部发出了这道上谕。上谕提到了为官者应具备的素质，举出了官场中贿赂成风的现象及危害，最后提出了"授受之人一并从重治罪"的反腐措施。有受贿是因为存在行贿，康熙对腐败问题的理解着实深刻，这种治乱除根的方法值得借鉴。

官箴辑要

我以不贪为宝，尔以玉为宝，若以与我，皆丧宝也，不若人有其宝。——《左传·襄公十五年》

【大意】 我将不贪财这种品质视为珍宝，而你把美玉当作珍宝。如果你把美玉给了我，我们就都丧失了自己的珍宝，不如各自保存自己的珍宝。此句说明清廉无欲的品德才是真正的珍宝，它远比美玉更珍贵。

廉者常乐无求，贪者常忧不足。——〔隋〕王通《中说·王道篇》

【大意】廉洁的人终日为无所求取而快乐，贪婪的人总是为不能满足物欲而忧伤。

一钱亦分明，谁能肆馋毁？——〔宋〕陆游《送子龙赴吉州掾》

【大意】即使是一文钱也用得清楚分明，还有谁能胡乱讲你的坏话、毁谤你呢？意谓只要自身清廉明正，别人也就无从谗毁了。

清风两袖朝天去，免得闾阎话短长。——〔明〕于谦《入京》

【大意】寸物不带，甩着两只长袖入京而去，免得人们说长道短。诗句写出了于谦清廉不贪的为官思想和作风。

贪欲者，众恶之本；寡欲者，众善之基。——〔明〕王廷相《慎言·见闻篇》

【大意】贪得无厌，是一切罪恶的根源；少所企求，是一切善端的根基。

持身苟廉洁，即墨吏亦必我惭；居心苟仁明，即顽民亦将我感。——〔清〕周寿昌《思益堂日札》

【大意】如果自身廉洁，即使是贪官污吏在我面前也会感到惭愧；如果持心仁爱明察，即使是刁民也会被我感化。说明领导者贵在做到自身廉洁、仁爱和明察。

吏不畏吾严而畏吾廉，民不服吾能而服吾公。公则民不敢慢，廉则吏不敢欺。公生明，廉生威。——河北保定直隶总督府清碑官箴

【大意】 小官吏不是害怕我的威严而是害怕我的清廉，老百姓信服我的不是我的才能而是我的公正。如果为官公正，那么老百姓就不敢怠慢；如果廉洁，那么小官吏就不会欺瞒。公正便能明察事理，廉洁就会产生威信。

反腐倡廉

田母教子

《列女传·母仪传》

田稷子相齐，受下吏之货金百镒①，以遗其母。母曰：“子为相三年矣，禄未尝多若此也，岂修士大夫之费哉！安所得此？”对曰：“诚受之于下。”其母曰：“吾闻士修身洁行，不为苟得。竭情尽实，不行诈伪。非义之事，不计于心。非理之利，不入于家。言行若一，情貌相副。今君设官以待子，厚禄以奉子，言行则可以报君。夫为人臣而事其君，犹为人子而事其父也。尽力竭能，忠信不欺，务在效忠，必死奉命，廉洁公正，故遂而无患。今子反是，远忠矣。夫为人臣不忠，是为人子不孝也。不义之财，非吾有也。不孝之子，非吾子也。子起。”田稷子惭而出，反其金，自归罪于宣王，请就诛焉。宣王闻之，大赏其母之义，遂舍稷子之罪，复其相位，而以公金赐母②。

【注释】

①百镒：形容货币很多。镒，古代重量单位，合二十两（一说二十四两）。

②公金：国库中的黄金。

【大意】

战国中期，齐宣王执政齐国，拜田稷为相国。一天，有一位下级官吏来求田稷办事，并献上数量丰厚的黄金，说是孝敬老夫人的。田稷虽几番推辞，但碍于情面，最后还是收下了。回到家后，他将所得黄金奉于母亲。田母见到黄金心生疑窦，便问道：“你担任齐相三年来，从未见你有如此多的俸禄，难道是掠取民财或收受贿赂得来的？”田稷忙跪倒在母亲身边，如实答道：“有人知道母亲大人年迈体衰，便赠我钱财，说是给您的一点心意。”田母面露怒色，厉声斥责田稷说：“我听说士大夫要修身洁行，不能随便收受馈赠。要诚心诚意做事，不能弄虚作假。不考虑不合道义的事情，不占有不合道义的钱财。如今，国君用高官厚待你，用厚禄供养你，你的一言一行都要报答国君，要尽心竭力，忠诚不二，恪守使命，廉洁公正，这样就不会有祸患。如今，你却反其道而行之，这是不忠啊！为臣不忠，就是为子不孝。不义的财物我不要，不孝的儿子我也不要！你起来吧！”说完转身离去，留下田稷一人惭愧不已。沉思良久后，田稷幡然悔悟，他退还了财物，并主动向齐宣王请罪。齐宣王对田母的深明大义大加赞赏，于是赦免了田稷的罪责，仍然保留他相国的职位，并从国库中调拨钱财，厚赠田母。

【点评】

“自古求忠臣必于孝子之门”，田稷谨遵母亲教诲，兢兢业业，廉洁奉公，使齐国大治，可谓“忠孝两全”。但“孝子”并非凭空出世，而是需要严父慈母们的身体力行，需要家庭的教育和培养。田母所做的“廉洁教育”，是家庭教育的必要环节，也是预防腐败的重要关卡。古语云“见贤思齐”，我们每位家庭成员都应效法田母，对亲人监督劝诫，构建起家庭防腐的坚固堤坝。

顾协拒贿

《梁书·顾协传》

协少清介有志操。初为廷尉正①，冬服单薄，寺卿蔡法度谓人曰：“我愿解身上襦与顾郎，恐顾郎难衣食者。”竟不敢以遗之。及为舍人，同官者皆润屋[②]，协在省十六载，器服饮食，不改于常。有门生始来事协[③]，知其廉洁，不敢厚饷，止送钱二千，协发怒，杖二十，因此事者绝于馈遗。……大同八年，卒，时年七十三。高祖悼惜之，手诏曰："员外散骑常侍、鸿胪卿、兼中书通事舍人顾协，廉洁自居，白首不衰，久在省闼[④]，内外称善。奄然殒丧，恻怛之怀，不能已已。"

【注释】

①廷尉正：属大理寺，又称大理正，掌审议狱案，修改法律条文。

②润屋：原指使居室华丽生辉，后引申为富有。

③事：侍奉、服侍，此处指来手下任职。

④省闼：指宫中、禁中，又称禁闼。古代因中央政府诸省设于禁中，从而代指中央政府。闼，门。

【大意】

顾协是南北朝时梁朝的贤臣。他少年时即有高洁志向，长大后勤奋好学、博览群书，因写得一手好文章，得以在大理寺任官。尽管做了官，顾协仍然坚守清介，因从不贪爱钱财而一身清贫，冬天也只能穿单衣。大理寺的长官蔡法度实在看不过去，就想把自己的棉袄脱下来送给他，但又怕向来不收礼物的顾协会严词拒绝，所以一直不敢开口。一件旧棉袄，别人尚且不敢送给顾协，遑论其他？后来顾协升任中书通事舍人，作为皇帝的近臣，虽然位高权重，但他的生活还同以前一样简朴。当时与顾协同在中书省为官的同僚们，都借职位之便来积聚钱财，他却一点也不为所动。顾协在中书省任职十六年，他的器用、饮食和衣服与一般平民没有区别。一次，顾协的一位门生要来他手下任职。门生知道老师一向清正廉洁，故而不敢馈赠贵重的礼物，只带来两千文钱作为见面礼。顾协见状大怒，当即把这位门生杖责二十，送来的钱也被他摔在门外。从此以后，再也没有人敢向他馈赠礼品了。梁武帝大同八年（542），七十三岁的顾协溘然长逝，在入殓之时，家中连一床新被子也找不出来。见此情景，送别的百姓无不感慨钦叹。梁武帝颁下诏书，称顾协“廉洁自居”“内外称善”，并亲自为他举丧。

【点评】

旧时官场，十官九贪，历来有“当官不打送礼的”之说。很多为官者，对上门送礼之人不但不“打”，反而笑脸相迎、欣然笑纳。殊不知，这就是贪污腐化的开始——接受了一次馈赠，就难免有第二次、第三次，次数愈多，数额愈大，受贿的口子从此打开，之后就只能以手中的权力作为交换，来还这笔“人情债”了。像顾协这样棒打送礼者的廉洁之举，实在难能可贵。没有第一次收礼，就没有日后的徇私舞弊和贪赃枉法。

洪武惩贪

《廿二史劄记·重惩贪吏》

帝初即位，惩元政弛纵，用法太严，奉行者重足而立①。官吏有罪笞以上，悉谪凤阳屯田，至万余人。又案《草木子》，记明祖严于吏治，凡守令贪酷者，许民赴京陈诉，赃至六十两以上者，枭首示众，仍剥皮实草，府州县卫之左，特立一庙以祀土地，为剥皮之场，名曰皮场庙，官府公座旁各悬一剥皮实草之袋，使之触目惊心。

今后布政司府州县在役之吏，在闲之吏，城市乡村老奸巨猾顽民，专一起灭词讼，教唆陷人，通同官吏，害及州里之间者，许城市乡村贤民方正豪杰之士，有能为民除患者，合议城市乡村，将老奸巨猾及在役之吏在闲之吏，绑缚赴京，罪除民患，以安良民，敢有邀截阻当者枭令②。赴京之时，关津渡口勿得阻当。（选自《大诰·乡民除患》）

【注释】

①重足而立：后脚紧挨着前脚，不敢迈步。形容非常恐惧。

②枭令：即枭示，指斩头而悬挂在杆上以示众。

【大意】

中国历代帝王中，整肃吏治最严、打击腐败最猛、惩治贪官最酷者，非明洪武皇帝朱元璋莫属。朱元璋出身贫苦，自幼饱尝欺压盘剥之苦，对贪官污吏深恶痛绝。明朝建立之初，他便大刀阔斧、多管齐下地整肃吏治、严惩贪腐，以培固大明江山根基，防止新朝腐化。对于贪官，朱元璋实行隆刑峻法，手段可谓严酷已极。他把废除多年的肉刑重新纳入法规之中，包括挑筋、挖膝、阉割等，其中最令人胆寒的是他自己发明的“剥皮实草”之刑。规定凡贪污六十两银子以上的官员，即枭首示众，然后在各州县设立的“皮场庙”内当众剥下皮囊，以稻草填之，制成人皮草袋，悬挂于官府门前，旨在令官吏触目惊心，不敢以身试法。对于遭到欺压的百姓，朱元璋为其大开上诉之门。他立法规定，普通百姓可将贪官污吏绑缚赴京治罪，各地关卡均要放行，不得阻挡。如有阻挡者，一律处死，甚至还要株连九族。对于贪赃枉法的皇亲国戚，朱元璋也毫不手软。安庆公主的驸马欧阳伦凭借皇亲身份，让手下人走私茶叶，在地方上私用官府车辆，擅自闯关，而且任意鞭打守关的官员。朱元璋得知这一情况后，雷霆震怒，将欧阳伦缉拿归案，坚决处死。

【点评】

朱元璋为清除腐败而采取的种种措施，可谓设想周密、手法严酷、执行果断。但这些措施，都未能从根本上遏制贪腐现象的蔓延。正如朱元璋亲口所说：“吾欲取贪官污吏，奈何朝杀而暮犯。”他道出的不仅是自己的无奈，也是整个专制社会的困扰。专制产生特权，特权滋生腐败，这是整个古代社会都难以逃出的宿命。以史为鉴，当今中国要彻底摆脱贪腐的现象，还需从制度入手，立足民主，健全体制，加强监督，如此方能将贪污腐败的行为消弭于青萍之末。

官箴辑要

不为爱亲危其社稷，故曰社稷戚于亲。——《管子·七法》

【大意】 不因偏爱亲戚而危害国家，所以说国家比亲戚更亲近。

臣门如市，臣心如水。——《汉书·郑崇传》

【大意】 每天我家门前都像市场一样热闹，但我的心却像水一样平静和清澈。比喻不为私利交结宾客，而能廉洁奉公。

人主有公赋无私求，有公用无私费，有公役无私使，有公赐无私惠，有公怒无私怨。——〔汉〕荀悦《申鉴·政体》

【大意】 君主可以为公事征收赋税但不能私自求取，可以为公事花费钱财而不能私自消费，可以为公事调用劳役而不能私自任使，可以为公事颁行赏赐而不能私自馈赠，可以为公事责备大臣而不能私自怨恨。

智者不为非其事，廉者不求非其有。是以远害而名彰也。——〔唐〕武则天《臣轨·廉洁章》

【大意】 聪明的人不做不该做的事情，廉洁的人不去追求不该有的东西，因此能远离危害而彰显名声。

盖思人生贫富，固有定分，越分过取，此有所得，彼必有亏。况明有三尺，一陷贪墨，终身不可洗濯。故可饥、可寒、可杀、可戮，唯独不可一毫

妄取。——〔宋〕陈襄《州县提纲·洁己》

【大意】 人一生中的贫富，本来有定数，过多地索取，就会这里有所得，那里必有所失。况且有法律在，一旦陷入贪污受贿之中，终身都洗不干净。因此，可以挨饿，可以受寒，可以被杀，可以被斩，唯独不可以非法索取分毫。

临阵勇，临财廉，临事勤，临民仁。——《宋朝事实类苑·德量知识》

【大意】 在打仗的时候应当勇敢，面对钱财的时候应当廉洁，做事情的时候应当勤劳，对待百姓应当仁爱。

贿而后荐，干戈之盗。荐而后贿，衣冠之盗。——《明史·谢杰传》

【大意】 接受贿赂然后举荐，这是拿着刀抢劫的强盗。推荐以后再接受贿赂，这是衣冠楚楚的强盗。

贪廉者治理之大纲，奢俭者贪廉之根柢。欲教以廉，先使之俭。——〔清〕陈廷敬《陈文贞公廷敬事略》

【大意】 治贪墨和倡廉洁是治国理政的总纲，奢侈和勤俭又是贪与廉的根本。想要教育官员廉洁，必须先让他们做到勤俭。

贪官误国

贪官始祖羊舌鲋

如果说中国的贪官非要寻一个“开山鼻祖”的话，那么非春秋时期的羊舌鲋莫属。

羊舌鲋，字叔鱼，是春秋时期晋国的贵族，他是我国有史以来第一个见诸文字记载的大贪官。羊舌鲋出身名门，是晋文公时期驰骋沙场的一代名将羊舌斗克的后代，他的父亲名为羊舌职，在晋国政坛十分显赫，他还有一个哥哥叫羊舌肸（xī），字叔向，也是晋国闻名遐迩的贤能之辈。

羊舌鲋自幼生活在优越的家庭环境中，沾染了不少贵族子弟骄横的习气，同时对权势的觊觎日甚一日。公元前529年平丘会盟时，羊舌鲋凭借父兄的力量，博得上卿韩宣子的宠信，被委任为晋国的代理司马，掌握了军权。韩宣子让羊舌鲋带领军队到东方邹国的南面去训练。羊舌鲋带领大队人马，浩浩荡荡地向邹国前进，经过卫国的时候，他贪婪的嘴脸开始暴露出来。他命令军队在卫国境内停下来，要求卫国国君给他贵重的礼品。一开始卫国国君并没有理会他的无理要求，羊舌鲋恼羞成怒，于是纵容手下的士兵，打着割草喂马的旗号，在卫国的境内四处乱砍乱伐，搞得民不聊生，百姓叫苦不迭。卫国是个小国，不敢和强大的晋国闹翻，只好忍气吞声地派人送了一箱精美的锦缎给羊舌鲋。羊舌鲋带领大军继续东进，在路上一有机会就故伎重施，向路过的小国勒索财物。

平丘会盟后，羊舌鲋吹嘘自己的功劳，献媚请赏，轻而易举地窃取了晋国掌管刑狱诉讼的大权，当上了代理司寇。作为执法的官员，其贪婪本性不但没有收敛，反而变本加厉。

韩宣子把一桩诉讼多年却没有能够得到解决的土地纠纷案交给他处理。案子的主角是晋国两个很有地位的人物，一个叫邢侯，一个叫雍子，他们俩为了如何划分田产的边界发生了冲突。

邢侯和雍子是同父异母的兄弟。他们的父亲申公巫臣是春秋时期有名的战将，本是楚国人，后来投奔了晋国。

邢侯名狐庸，与父亲申公巫臣在晋国“联吴制楚”战略中立下功劳。为了表彰功臣，晋国把邢邑之地赐封给申公巫臣。申公巫臣死后，封地由狐庸继承，晋国又加封狐庸为邢侯。

雍子在公元前 573 年晋楚两国发生的彭城（现江苏徐州）战役中力挽败局，以少胜多击溃了楚军，还收复了原臣服于晋国的彭城东边的几个小国，成为晋国的英雄。晋厉公论功行赏，把畜邑之地赐给雍子。

邢邑与畜邑土地接壤，没有明确的地界划分。雍子是个贪心的人，他趁机扩大畜邑边界，侵占了不少邢邑的地盘。邢侯当然不愿意，于是兄弟之间就发生了冲突。邢侯把状告到了韩宣子那里，韩宣子见他们是同族兄弟，又都是晋国功臣，谁也不想得罪，就把事情给拖了下来。

雍子自知理亏，想用贿赂的办法来摆平这件事。当他得知羊舌鲋接手这桩案子，便主动提出将自己年轻的女儿嫁给羊舌鲋。羊舌鲋得到了雍子的女儿，便不问是非曲直，宣判雍子无罪，邢侯有罪，强行把畜邑的边界划到邢邑的范围内，使雍子的畜邑一下子扩大了许多。

邢侯不明就里，一再要求重新审理。但羊舌鲋手握司法大权，坚持错案不变。邢侯后来明白这是有意为之，他一怒之下杀了羊舌鲋，并急速赶回封地，杀死了雍子。

羊舌鲋身为法官被杀，一时成为当时最大的新闻。人们普遍认为，羊舌鲋知法犯法，任意践踏法律，是罪有应得。舆论使韩宣子这次不能敷衍了事，于是他把羊舌鲋的哥哥叔向叫来，问他这件事怎么处理，以免得罪羊舌家族。

虽然是兄弟，但叔向和羊舌鲋不同，他为人正直，并且敢于直言。韩宣子问叔向的意见，叔向说："如此乱法，三个人都应定为死罪，现在只要施生戮死就行了。""施生戮死"就是杀死活着的邢侯，将已死的羊舌鲋和雍子陈尸示众。

叔向进一步分析说："雍子贪占别人的土地，却不思退还而去贿赂执法官员；羊舌鲋知法犯法，利用手中的权力去谋私；邢侯为泄私忿，擅自杀人。他们三个，犯罪的性质都很严重。"叔向又引用夏朝的法官皋陶制定的法典，加以说明："己恶而掠美为昏，贪以败官为墨，杀人不忌为贼（自己做了坏事又掠他人之美名为昏罪，贪污而败坏官位为墨罪，肆无忌惮地杀人为贼罪）。这三种罪都要判死刑。皋陶之法，世人公认，请按他的法典办吧。"韩宣子接受了叔向的意见，将邢侯处死，并将已死的羊舌鲋和雍子两个贪人暴尸于市。

后来，孔子听说了这件事，说："邢侯之狱，言其贪也。"意思是说，在处理邢侯案件中，羊舌鲋枉法攫取美女，是一个贪官。孔子还痛斥羊舌鲋"贿也""诈也""贪也"，意思是羊舌鲋集三恶于一身，死有余辜！孔子高度赞扬叔向"治国制刑，不隐于亲"。

羊舌鲋身为司法官员，不能以身护法，反而以贪坏法，卖法纵贪，被定罪为"墨"，"贪墨"一词由此而来。

宋太祖严惩贪吏

在我国历史上，许多朝代都有惩治贪官的法律和举措，宋太祖赵匡胤（927—976）就曾经吸取前朝灭亡的教训，重治贪官。

赵匡胤是宋朝的开国皇帝，他原是后周的殿前都点检，掌兵权。33 岁那年（960），他发动陈桥兵变，黄袍加身，建立了宋王朝，当了 16 年的皇帝。

宋朝建立前的半个世纪里，中原如走马灯似的换了五个朝代。天下大乱，谁有了刀枪，谁便可称霸一方，甚至当皇帝。无论是地方官，还是中央官，几乎都张开贪婪巨口，搜刮民财，社会风气极为败坏。

宋太祖深刻认识到，如果听任贪污敛财在新王朝肆无忌惮，到手的政权就会得而复失。因此，宋王朝开国初期就比较重视倡廉惩贪，其中惩贪方面方法得当，措施周全，手段强硬。据《宋史·太祖本纪》记载，宋太祖“绳赃吏重法，以塞浊乱之源”，赃吏就是贪官。清朝历史学家赵翼在《廿二史札记》中有“宋初严惩戛吏”一节，专论太祖惩贪。王安石也说：今朝廷之法所尤重者，独贪吏耳。据统计，宋太祖在位 16 年，几乎年年反贪污、杀贪官，其中文官杀到了御史，武官杀到了将军，还将一些问题不严重的贪官贬官降职。

开国初，宋太祖曾立官吏晋升制度：文臣五年、武臣七年晋升一级，到期能否晋升，主要看任期内有无贪赃问题。如果有问题，但还不太严重，文臣要七年，武臣则要十年才能晋升，对这种官员的晋升还必须上奏皇帝批准。

建隆三年（962）八月规定：贪官的奴婢、邻居、亲戚主动揭发，给予奖励。

乾德五年（967）正月，节度使王全斌虽然在平定后蜀时立了大功，但因“黩货杀降”（黩货就是贪污纳贿）而被公开批评降职。三月，县令源铣、县主簿郭彻二人，以贪污罪判死刑。借这一案件，宋太祖向全国下诏，警诫全国各级官员。六月又下诏，严令各级官吏不得接受贿赂。

开宝四年（971）四月，右监门卫将军（负责京城戍守的将领）赵玭，由于平日与宰相赵普有矛盾，告发赵普在秦（甘肃东部、陕西西部）盗伐木材。赵普是一人之下万人之上的高官，与宋太祖情同手足。但是，宋太祖欲集百官公布此事，并拟罢免赵普的官职。后来，由于元老大臣王溥出班奏明：赵玭和赵普有私仇，所举虽为事实，但有夸大其词成分，才未处分赵普。之后，宋太祖要处分赵玭。赵普又出面为其讲情，宋太祖才了结此事。这件事，说明宋太祖对贪官处罚严厉，不论是谁，只要贪赃，概不轻饶。

宋太祖以严刑治贪，他还在两次大赦时明文规定："十恶杀人，官吏受赃者不赦！"表明治贪决心。对于贪污罪，稍重的刑事案犯，都是死刑；并且不搞"下不为例"和"易地为官"，既往也咎。有些官员在彼地贪赃受贿蒙混过关，但在此时此地被查出来，仍然要受到惩处，如监察御史闾丘舜卿，在前任上盗用官银，后被查出来，被处以极刑。

正如《宋史·太祖本纪》所载：宋太祖在位的16年中，判处官吏死刑的案件达33起，其中杀贪官污吏案21起。在古代，一国之君能如此重视和有决心惩治贪官污吏，确也难得，也说明宋太祖深懂"贪污腐化败国"的道理，可算一代明君了。

古代九大著名贪官

梁冀　东汉外戚，顺帝时任大将军，专断朝政近20年。聚敛财富，大肆搜刮，并向求官者收取贿赂。建私家林苑，方圆近千里。桓帝治其罪，被迫自杀。其家产没收变卖合30余亿，相当于东汉政府一年租税收入之半。

元琛　北魏宗室。宣武帝时为定州刺史，疯狂聚敛，追求奢华，与人斗富，自许富冠一国。胡太后临朝称制时，曾说："琛在定州，惟不将中山宫来，自余无所不致。"大致说那定州除了一座中山宫之外，其余值点钱的东西都进了他元琛的腰包。以贪纵被胡太后废免。后行贿于侍中刘腾，出为秦州刺史。元琛耽于贪腐，屡误军机，将财富场上争来的风头统统输在了战场上。后因战败被再免官爵，直至卒于军中。

杨国忠　唐玄宗时任宰相。因其妹杨贵妃有宠而权倾中外。结党营私，贿赂公行，选任官吏均于私第暗定。安禄山以“讨国忠”为名发动叛乱，杨国忠随玄宗奔蜀时，被士兵杀死。

陈自强　南宋宁宗时任丞相。他依仗着曾经做过实权人物韩侂胄启蒙老师的资历，贪赃枉法。凡是求官的人，他都派人谈好价钱，一切办妥后再“光明正大”地授官。地方官送公文到京城，封函上一定要注明“某物多少一起献上”。凡是没写的，就根本不打开。后来，韩侂胄北伐失败失去了权势，陈自强失去了靠山，又因谎报军情被朝廷罢免，最终死于流放地。

王振　明永乐时为宦官。英宗时因受宠而擅权，成为明代宦官专权之始。大兴土木，广收贿赂，操纵官吏选拔、升迁。当时著名清官于谦准备进京见皇帝，朋友们都劝他给王振带上一点儿礼物，他坚决不同意，两袖清风，来到京城，结果，王振暗地指使党羽，给于谦加上对皇帝不满的罪名，将于谦关进监狱，并判处死刑。后来迫于各方压力才免了于谦的死罪。土木之变，王振策动英宗亲征，兵败后为乱军所杀。

刘观　明宣宗时左都御史（最高司法官），历经四代皇帝，资历高深。刘观执法犯法，大肆贪污受贿。在他的影响下，御史们个个贪婪无比。宣德三年（1428）六月罢朝后，宣宗召大学士杨士奇、杨荣至文华门询问，现在朝廷里哪个官员最腐败？杨荣毫不犹豫地说是刘观。宣宗立即下诏，命刘观巡视河道，实际上把他调离了御史位置。嗅觉灵敏的御史们立即闻风而动，纷纷弹劾刘观及其子刘辐。宣宗大怒之下准备处死刘观父子，后在杨士奇等人的一再求情下，改贬二人到辽东戍边。刘观最后死在辽东。

严嵩　明嘉靖时任内阁首辅。与其子严世蕃狼狈为奸，贪财纳贿，卖官鬻爵，结党营私，祸国殃民。后被弹劾罢官。由于严嵩父子贪腐惊人，仅抄家就持续了整整一个月，抄其家所得金银、珍宝、字画，数以百万计。

噶礼　清康熙时任两江总督。搜刮民财，广收贿赂，在江南有贪婪之名。除了自己贪赃枉法，还打击迫害那些不与之同流合污的清廉官吏。康熙五十一年（1712），因江南科场案发，事涉受贿被革职。

和珅　因办事干练，深得清乾隆皇帝信赖，倚为腹心，任军机大臣20多年。专擅弄权，控制官员升迁，大肆贪污。嘉庆四年（1799）定其20大罪状，赐死。查没金银、珍宝极多，时有“和珅跌倒，嘉庆吃饱”之谚。

人情交往

柳僧习拒权贵请托

《周书·柳庆传》

僧习为颍川郡[①]，地接都畿[②]，民多豪右。将选乡官，皆依倚贵势，竞来请托。选用未定，僧习谓诸子曰："权贵请托，吾并不用。其使欲还，皆须有答。汝等各以意为吾作书也。"庆乃具书草云[③]："下官受委大邦，选吏之日，有能者进，不肖者退。此乃朝廷恒典。"僧习读书，叹曰："此儿有意气，丈夫理当如是。"即依庆所草以报。

【注释】

① 颍（yǐng）川郡：古代郡名，大致包括今河南省许昌市、平顶山市、漯河市、登封市等地。

② 都畿（jī）：指京都及其周围地区。

③ 庆：指柳僧习的儿子柳庆。

【大意】

柳僧习任颍川郡太守，此地接近都畿，当地人民多是豪强大族。要推选乡官的时候，这些人各自依仗权贵势力，争着前来向柳僧习私相嘱托。乡官尚未选定，柳僧习对儿子们说："权贵们私相嘱托，这些人我是不会用的。现在权贵们派来的使者准备回去，我要给他们一个答复。你们各自按照这个意思为我起草一封信。"不久，柳庆便拟好了复信，信中说："下官受国家的委派在大郡做官，举荐乡官时，要起用贤能的人，不正派的人不能任用。这是朝廷历来的法律制度。”柳僧习读了信，赞叹道：“这孩子有气概，大丈夫理应如此。”于是他依据柳庆所拟的信做了答复。

【点评】

历史没有给柳僧习单独作传，他的主要事迹散见于其子柳庆的传记中，但这丝毫不会削弱这位地方要员对后世的榜样作用。在讲究门第等级、权钱关系的封建社会，柳僧习却秉持慎欲、慎初、慎微、慎终的为官操守和处世之道，使自己避免陷入“人情”旋涡而不能自拔。他的儿子柳庆也受到其父清正之风的影响，长大做官后，在审理案件时不顾皇室亲族的利诱和强辩，秉公执法，合理断案，不仅打击了贵族的嚣张气焰，也为自己留下了刚直廉洁的美名。

为官交友须慎重

《倭文端公遗书·示曜侄》

“为官是苦人，做官是苦事”①。以官为乐，必不能做好官也。汝到省后②，必有一般势利小人趋承亲近，少年喜其柔佞③，鲜不入其彀中④，一与交结，受害无穷。书中所谓近正远邪，尤紧要语也。汝其慎之。

【注释】

① 此语出自明代思想家吕坤《呻吟语》，原句为：“做官都是苦事，为官原是苦人。官职高一步，责任便大一步，忧勤便增一步。”

② 汝：指倭仁的侄儿倭曜。

③ 柔佞（nìng）：虚伪谄媚。

④ 彀（gòu）：圈套、陷阱。

【大意】

“做官的都是辛苦之人，当官也是件辛苦之事。”如果认为做官是为了享受，那么他一定不能做个好官。你到任以后，肯定会有些势利小人向你奉迎亲近，年轻人都喜欢别人的巧言谄媚，所以很少有不落入圈套的，一旦与他们结交往来，就会祸害无穷。书中所谓接近正人君子，疏远奸邪小人，这是非常重要的话。你一定要慎重交友啊！

【点评】

历史教科书上的倭仁是一个顽固派，他自始至终反对清政府在内忧外患之时兴办洋务，这种言论曾一度被判定为“误国”。然而，就是这样一个政治上的保守派，却对晚清官场有着敏锐深刻的洞察力。当时的官场，充斥着人情是非、卖官鬻爵、结党营私，稍有不慎便会卷入其中。基于这个现实，在侄子倭曜升官赴任之时，倭仁写了这封信，告诫他在为官交友方面必须慎而又慎，把好“人情关”，避免掉进官场陷阱之中。

左宗棠不因人情选才

《清朝野史大观》

左文襄自幕客以迄显贵[①]，未尝为人荐书。尝语人曰：“苟有人才，我自能位置之；如其不才，复以贻祸他人，吾不为也。”故人亦无敢以荐书干之者。文襄平定回疆，召入军机[②]。其故人子黄兰阶以知县候补福建，数年未得一差。意谓文襄念旧，谒之或有所获，摒挡而往。比见，公曰：“汝某人子耶？”对曰：“然。”曰：“来京何为？”黄以实告。公怫然曰：“在家有田不耕，有书不读，而羡慕做官耶？汝苟舍官归者，吾当割良田十亩以畀若[③]，舍此，莫妄想也。”黄惶悚而退[④]。

【注释】

① 文襄：即左宗棠（1812—1885），晚清重臣，著名湘军将领，洋务派

领袖，谥号文襄。幕客：即幕僚，官府参谋顾问的人员。

② 军机：指军机处，是清朝中后期的中枢权力机关，负责辅佐皇帝处理政务。左宗棠因平定回疆有功，被提升为军机大臣。

③ 畀（bì）：给予。

④ 惶悚：惶恐而心中害怕。

【大意】

左宗棠无论是做幕僚还是做督抚时，都从不为别人写推荐信。他曾经对别人说："假如一个人有才，我自然会给他适合的职位；如果这个人没有才能，给了他职位反而会给别人带来祸患，我绝对不做这样的事情。"因此，他的朋友之中也就没有人求他写推荐信。左宗棠因平定回疆有功，进入军机处，任军机大臣。他的一个老朋友的儿子黄兰阶在福建候补知县，几年都未能补缺。黄兰阶认为左宗棠是个念旧情的人，若见一面或许能补上一官半职，于是就克服阻力到京城去找左宗棠。二人见面后，左宗棠问道："你就是黄某的儿子吗？"黄兰阶回答说："是。"左宗棠又问："来京找我有什么事吗？"黄兰阶把自己的想法如实地讲了出来。左宗棠听后，愤怒地说："家里有田你不耕，有书你不读，为什么只羡慕做官呢？你如果就此放弃做官回家，我可以送你十亩良田，除此之外，你就不要有什么非分之想了。"黄兰阶听后惶恐地走了。

【点评】

中国人历来是重情义的，但情义若与金钱和权力挂上钩，则会失去它纯洁的本真。文中，黄兰阶倚仗父辈关系与朝廷重臣左宗棠拉关系、讲人情，为的是能够做官发财走"捷径"。这种不讲原则、有所求的人情，实际是一种钻营。面对刚正不阿、坚守原则的左宗棠，黄兰阶的梦想最终化为了泡影。由此可见，身居高位者对"人情关系"的驾驭和取舍应该做到以下两点：一是把握好"度"，二是取之有"道"。如此，才能保持清醒的头脑，明白真正的人情是讲原则、有底线、守分寸、无所图的。

官箴辑要

上交不谄，下交不骄，则可以有为矣。——〔汉〕扬雄《法言·修身》

【大意】 与比自己地位高的人交往不谄媚，和比自己地位低的人交往不骄傲，这样就可以有所作为了。

以势交者，势倾则决；以利交者，利穷则散。——〔隋〕王通《中说·礼乐篇》

【大意】 如果交往是基于势力或家世的，那么等到势力衰落的时候，双方自然就决裂了；如果交往是基于金钱或利益的，那么等到一方不能给另一方带来收益的时候，双方就会一拍两散了。

世人结交须黄金，黄金不多交不深。纵令然诺暂相许，终是悠悠行路心。——〔唐〕张谓《题长安壁主人》

【大意】 当今之世，与人交朋友必须得有金钱；金钱不多，交情便不深。即使对方口头上一时答应，这不过是一种敷衍罢了，根本不会放在心上。这首诗揭露和讽刺了中唐以后世风日下的情形，也对后世的人情交往起到了警示作用。

别有人间势利徒，一去一就随荣枯。——〔宋〕王禹偁《和冯中允炉边偶作》

【大意】 社会上有一些人是以权势和财力取人的庸俗小人，他们与人交好或者疏远，总是根据对方在政治上得势与否来决定。

古人临大节而不夺，今人见小利而易守。——〔清〕曾国藩《曾国藩家书》

【大意】古时候的人在遇到关系存亡安危的大事时，也不会丧失自己的志节；现在的人一见到哪怕是极小的利益，就会改变自己的操守。

与正人处，则日习于正，如行康衢，自不为偏岐所惑；与邪人处，则日习于邪，如由曲径，往而不返，不觉入荆棘中矣。——〔明〕余继登《典故纪闻》（朱元璋语）

【大意】与正直的人相处，就会天天熏陶于正直的风气当中，有如在康庄大道上行走，自然不会被岔道所迷惑；与奸邪的人相处，就会天天习染于奸邪的风气当中，有如在盘桓曲折的小道上行走，只知道向前走而不知道如何返回，不知不觉就会走进荆棘丛中难以自拔。

言传身教

有爱更要有教

《颜氏家训·教子》

父母威严而有慈，则子女畏慎而生孝矣。吾见世间，无教而有爱，每不能然；饮食运为[①]，恣其所欲，宜戒翻奖，应诃反笑[②]。至有识知，谓法当尔。骄慢已习，方复制之，捶挞至死而无威，忿怒日隆而增怨，逮于成长，终为败德。孔子云“少成若天性[③]，习惯如自然”是也。俗谚曰：“教妇初来，教儿婴孩。”诚哉斯语。

【注释】

① 运为：行为。

② 诃：同“呵”，呵斥、斥责。

③ 少成：从小养成的习惯。

【大意】

父母威严而又慈爱，子女就会敬畏谨慎，从而产生孝心。我看这世上，不知教育而只是一味溺爱子女的父母，往往不能这样；他们对子女的饮食言行，总是任其为所欲为，该告诫的反而夸奖鼓励，该斥责的反而和颜悦色。等孩子有了见识以后，就会认为一切理应如此。孩子骄横傲慢的习性已经养成，才想到要去管束制约，就算把他们鞭抽棍打至死，也难以再树立父母的威信，父母的愤怒导致子女的怨恨之情日益加深，等到孩子长大成人，终究会成为道德败坏之人。孔子所谓“小的时候养成习惯就会像人的天性一样自然、坚固”，说的正是这个道理。俗谚说：“教导媳妇要从她刚过门时开始，教育孩子要从婴儿的时候开始。”这话说得很有道理。

【点评】

《颜氏家训》是南北朝时期北齐文学家颜之推的代表作。他结合自己的人生经历、处世哲学，写成此书，被后人誉为家教典范，影响很大。

做父母的爱自己的子女本是天经地义之事，但要注意两点：一是要有度，防止将“爱”升级到“溺爱”；二是要“爱”与“教”相结合，避免孩子长大成为没教养的人。

“少成若天性，习惯如自然”这话一点儿不错，刚生下来的孩子就像一张白纸一样，一笔一笔加上去的是什么，便成了怎样的画。因此，做父母的一定要懂得“父母之爱子，则为之计深远”的道理，在孩子小的时候就对其进行“入则孝，出则弟，谨而信，泛爱众，而亲仁。行有余力，则以学文”的教育。如此，孩子才会健康成长，成为社会所需要的人。

纪晓岚教子“四戒四宜”

《纪晓岚家书》

父母同负教育子女责任，今我寄旅京华，义方之教[①]，责在尔躬[②]。而妇女心性，偏爱者多，殊不知，爱之不以其道，反足以害之焉。其道维何？约言之有四戒四宜：一戒晏起[③]；二戒懒惰；三戒奢华；四戒骄傲。既守四戒，又须规以四宜：一宜勤读；二宜敬师；三宜爱众；四宜慎食。以上八则，为教子之金科玉律，尔宜铭诸肺腑，时时以之教诲三子，虽仅十六字，浑括无穷，尔宜细细领会，后辈之成功立业，尽在其中焉。

【注释】

① 义方之教：古人称教子为义方之教。

② 尔躬：你自己。

③ 晏：迟、晚。

【大意】

父母应当共同担负着教育子女的义务，但如今我旅居北京，家庭教育的责任就落在了你一个人的身上。然而妇女天性，偏爱子女的占多数，殊不知，爱孩子如果方法不对，反而是害了他们。教育子女应有哪些原则呢？简单地说有四戒四宜：一不准晚起床；二不准懒惰；三不准奢华；四不准骄傲。既要遵守四戒，又须规劝四宜：一宜勤学；二宜尊敬老师；三宜爱众；四宜谨慎饮食。以上八条，是教育子女不可改变的条规，你要牢牢记在心上，随时用来教育三个孩子。虽然仅仅是十六个字，已全部包括了，你应该细细领会，子女们的成功立业，都在其中啊。

【点评】

清代名臣纪晓岚不仅学识丰富、才华横溢，而且在教子方面也颇有见地。他提出的“四戒四宜”教子箴言简约、恳切，从中既可以看出纪晓岚的家风、学风，也可以看出他对教子问题独到又深刻的思考。

纪晓岚的教子箴言虽不算金科玉律，却涉及了对己对人、尊师敬老、待人接物、日常生活等诸多方面的问题，值得借鉴。

世家子弟应戒骄戒奢

《曾国藩家书》

世家子弟，最易犯一奢字、傲字。不必锦衣玉食而后谓之奢也，但使皮袍呢褂俯拾即是，舆马仆从习惯为常，此即日趋于奢矣。见乡人则嗤其朴陋，见雇工则颐指气使，此即日习于傲矣。《书》称“世禄之家，鲜克由礼[①]”，《传》称“骄奢淫泆[②]，宠禄过也”。京师子弟之坏，未有不由于骄奢二字者，尔与诸弟其戒之。至嘱至嘱！

【注释】

①克：能。

②泆：同“逸”。

【大意】

世代为官人家的子弟，最容易犯奢侈和骄傲的毛病。并不是说整日锦衣玉食才算奢侈，只要穿的衣服到处都是、随手可得，出门乘车马、在家使唤仆人习以为常，这样就逐渐变得奢侈了。见到乡下人便讥笑他们朴素丑陋，见到被雇佣的人就颐指气使，不可一世，这样就逐渐变得骄傲了。《尚书》中说“越是显宦贵族之家，越不懂得礼节”，《左传》称“骄横奢侈，荒淫放肆，是因为宠爱太多的缘故”。在京师为官者的孩子道德败坏，都是因为骄、奢二字引起的，你和各位兄弟一定要引以为戒。再三叮嘱！再三叮嘱！

【点评】

《曾国藩家书》成书于19世纪中叶，收录了曾国藩在清道光三十年（1850）至同治十年（1871）前后所写的书信近1500封，涉及的内容极为广泛，是曾国藩一生治政、治家、治学之道的生动反映。

这封家书写于咸丰六年（1856）十一月初五，是曾国藩写给其子曾纪泽的。曾氏以自己的阅历，将世家子弟堕落及遭人诟病的主要原因归纳为两个字：奢与傲，又把奢与傲最常见的表现指了出来。这些表现或许在曾纪泽的身上都有体现，只是他平时不自知而已。因此，作为父亲，曾国藩一针见血地将问题指了出来，以便让儿子有足够的警惕，避免沦落为纨绔子弟。同时，这也反映了曾国藩以儒家的做人准则严格教子治家的一贯态度。

正是受到曾国藩正确的教子理念和严格的教育方法的影响，曾纪泽不仅在诗文、书法、绘画等领域造诣深厚，而且还成为“学贯中西”的清代著名外交家。

官箴辑要

爱子，教之以义方，弗纳于邪。骄、奢、淫、泆，所自邪也。四者之来，宠禄过也。——《左传·隐公三年》

【大意】 爱自己的子女，应该用道义来教育他，不要让他走上邪路。骄傲、奢侈、淫乱、放荡，都是走上邪路的缘由。这些恶劣品质产生的原因，就是宠爱太过分了。

君子之于子，爱之而勿面，使之而勿貌，导之以道而勿强。——《荀子·大略》

【大意】 君子对自己的孩子，虽然疼爱但不要流露在脸上，使唤他时不要在容貌上表现出心疼的样子，用道理引导孩子而不要加以强迫。

夫君子之行，静以修身，俭以养德。非淡泊无以明志，非宁静无以致远。夫学须静也，才须学也，非学无以广才，非志无以成学。淫慢则不能励精，险躁则不能治性。年与时驰，意与日去，遂成枯落，多不接世，悲守穷庐，将复何及！——〔三国·蜀〕诸葛亮《诫子书》

【大意】 君子的行为，是以宁静的心绪来修养身心，以节俭来提高德行。不能清心寡欲就不能明确志向，不能平和安静就不能实现远大的理想。学习需要安宁的心境，增长才干需要学习，不学习就无法增长自己的才干，没有志向就不可能学有所成。放纵怠慢则不能振奋精神，偏激浮躁则不能陶冶性情。年华随时光一起飞逝，意志随岁月逐渐消逝，最终像枯叶般衰老，不被社会所接纳，到那时悲哀地困守在贫穷的家里，即使后悔也来不及了。

遗子黄金满籯（yíng，竹笼），不如教子一经。——〔明〕朱舜水《益广》

【大意】 给孩子留下满满一箱黄金，不如教他学会一种技艺。

教子须是以身率先。每见人家子弟，父兄未尝著意督率，而规模动定，性情好尚，辄酷肖其父，皆身教为之也。念及此，岂可不知自省？——〔清〕陆世仪《陆桴亭思辨录》

【大意】 教育孩子必须先为孩子做出表率，经常见到人家的一些孩子，他们的父兄未曾刻意去督责，但他们的一举一动、性情和爱好，都极像他们的父亲，这都是做父亲的身教的结果。想到这里，怎么能不好好地省察一下自己呢？

开言纳谏

言者无罪　闻者足戒

《魏书·高祖传》

帝业至重，非广询无以致治；王务至繁，非博采无以兴功。先王知其如此，故虚己以求过，明恕以思咎。是以谏鼓置于尧世[①]，谤木立于舜廷，用能耳目四达，庶类咸熙。……承明之初[②]，班下内外，听人各尽规，以补其阙。中旨虽宣，允称者少。故变时法，远遵古典，班制俸禄，改更刑书。宽猛未允，人或异议，思言者莫由申情，求谏者无因自达，故令上明不周，下情壅塞。今制百辟卿士，工商吏民，各上便宜。利民益治，损化伤政，直言极谏，勿有所隐，务令辞无烦华，理从简实。朕将亲览，以知世事之要，使言之者无罪，闻之者足以为戒。

【注释】

① 谏鼓：相传尧曾在庭中设鼓，让百姓击鼓进谏。谤木：相传舜在交通要道立木牌，让百姓在上面写谏言。后世以谏鼓谤木来指代广开言路，听取各方意见。

② 承明：北魏孝文帝的年号。

【大意】

国家的基业十分重要，不广泛征求意见就不能达到天下大治的局面；国君的事务很繁重，不博采众人之言就不能建立功业。前代君王知道这一点的重要性，因此他们虚怀若谷，让别人指出自己的错误，宽容别人以反省自己的过失。当初尧帝创立了谏鼓制度，舜帝创立了谤木制度，从而使自己的消息很灵通，天下万物都很兴盛。……承明初年，朝廷颁布了诏书，让人民尽力建言献策，以匡正朝廷的过失。虽然旨意已经下达，但公允得当的意见并不多。因此，我改变了现行的法律，遵循古代的典章制度，实行俸禄制，更改了刑法条文。以前的政策宽容与严厉不是很得当，一些人就有了不同的意见，但是想提意见的人无处申诉，想诤谏的人没有表达自己思想的途径，因此皇帝不能很好地了解下面的情况，下面的情况也很难及时上报给朝廷。如今，官员、手工业者、商人以及平民，都不必请示便可进谏。无论是有利于人民安定、国家强盛的建议，还是伤风败俗、有损教化的事件，臣民都可以直言不讳地说出来，千万别有所隐瞒，不要使用繁冗华丽的辞藻，讲道理要朴实简约。我将亲自批阅，以便知晓国事的要点，同时使提意见的人不受处罚，听取意见的人引以为戒。

【点评】

北魏孝文帝是一位十分勤勉的皇帝，他常亲自起草诏令，过问官吏的考核、律令的修订等政务。孝文帝还是一位虚心纳谏的明君，他积极倡导和鼓励臣民直言进谏，强调“言之者无罪，闻之者足以为戒”，对敢于批评、进谏的官吏更是礼遇有加。孝文帝的德行和举措加速了他汉化改革的成功，使北魏政治、经济、文化、军事等方面得到很大发展，缓解了社会危机，增强了民族融合，史称“孝文帝中兴”。

开言路以成天下

《元史·刘秉忠传》

君子不以言废人，不以人废言，大开言路，所以成天下、安兆民也。天地之大，日月之明，而或有所蔽。且蔽天之明者，云雾也；蔽人之明者，私欲佞说也[1]。常人有之，蔽一心也；人君有之，蔽天下也。常选左右谏臣，使讽谕于未形[2]，忖画于至密也[3]。

【注释】

① 佞（nìng）说：巧言谄媚的话。

② 讽谕：又作“讽喻”，指用委婉的言语进行劝说。

③ 忖（cǔn）画：筹划。

【大意】

君子不因为某人说话尖锐而罢黜他，也不因为某人有缺点和错误而废弃他的言论，广开言论是统一天下、安抚百姓的好办法。天地无比博大，日月如此明亮，有时还会被遮蔽。遮蔽明亮天空的是云雾，而使人变得不明智的则是个人的私欲以及他人的花言巧语。如果普通的人变得不明是非，玷污的不过是一颗心而已；但如果君主不辨忠奸、失去理智，那么影响的可是天下大事。所以，应该经常选一些敢于劝谏的大臣放在自己身边，随时劝诫和提醒君主，以便把危机的苗头及时地扼杀，同时还能够对重要的事情进行最周密的筹划。

【点评】

刘秉忠是元朝的开国元勋，他不仅同忽必烈一道征战南北，还参与了国家典章制度的拟定和众多军国大事的商讨，堪称股肱之臣。早在元朝建立前，为了壮大蒙古国的实力，巩固忽必烈政权，刘秉忠便上书陈述了劝农桑、兴学校、开言路、明法纪、统一税收、设立官制等一系列统治的经验和措施。本文即是“开言路”一项的具体表述。

官箴辑要

防民之口，甚于防川。川壅而溃，伤人必多，民亦如之。是故为川者，决之使导；为民者，宣之使言。——《国语·周语上》

【大意】 阻止人民进行批评的危害，比堵塞河川引起的水患还要严重。河道壅塞就会溃堤，从而给人造成伤害，治民也是这个道理。因此，治理河水应疏浚河道，引导水流；治理人民应该广开言路，鼓励他们发表不同意见。

治国之道，劝之使谏，宣之使言，然后君明察而治情通矣。——〔汉〕王符《潜夫论》

【大意】 治理国家的方法在于鼓励臣子进谏，引导人民，使他们敢于发表意见，这样君主就会对天下大事明察秋毫，地方治理情况也能及时上达中央。

为政之道，务于多闻。是以听察采纳众下之言，谋及庶士，则万物当其目，众音佐其耳。——〔三国·蜀汉〕诸葛亮《便宜十六策》

【大意】 君主治理国家的关键在于充分听取各方面的意见。因此就要倾听、考察并采纳群臣的意见，经常与百姓臣民谋划，这样做，君主的眼睛就可以看到天下万物的情况，耳朵就可以听到世间所有的声音。

人君兼听纳下，则贵臣不得壅蔽，而下情必得上通也。——〔唐〕吴兢《贞观政要·君道》

【大意】 君主广泛听取各方面的意见，积极采纳下属的正确建议，那么权势重、权位高的大臣就不能堵塞下情，蒙蔽君王，这样基层的情况和百姓的呼声就一定能够上达君主了。

烈士不避铁钺而进谏，明君不讳过失而纳忠。——〔宋〕苏舜钦《火疏》

【大意】刚强之士不怕刑戮加身而直言规劝，明达之君不忌讳自己的过错而采纳忠言。

古之聪明睿智之君，所以能大过于人者，未有不以求谏为先务也。——〔宋〕刘安世《初除正言》

【大意】古代聪慧又有远见卓识的君主，能大大超越一般人的原因，就在于他们能够广泛采纳多方意见，把听取不同意见作为首要之事。

从来治天下者，将欲求君民一体，必先由君臣一体，乃疏通一体之脉，则莫如言路。——〔清〕赵开心《恳勤召对疏》

【大意】自古以来治理国家的君主都想求得君民关系密切，如同一个整体，要想做到这一点就必须先要求君臣关系融洽和谐，而疏通君臣关系的重要途径，没有比广开言路这一方法更好的了。

改革创新

智者不安于故习

《商君书·更法》

公孙鞅曰[①]："子之所言[②]，世俗之言也。夫常人安于故习，学者溺于所闻。此两者，所以居官而守法，非所与论于法之外也。三代不同礼而王[③]，五霸不同法而霸[④]。故知者作法，而愚者制焉；贤者更礼，而不肖者拘焉。拘礼之人不足与言事，制法之人不足与论变。君无疑矣。"

【注释】

① 公孙鞅：即商鞅（约前395—前338），战国时期卫国人，著名政治家、思想家，先秦法家代表人物。

② 子：你，这里指秦孝公的大臣甘龙，守旧派的代表人物，反对变法。

③ 三代：对中国历史上夏、商、周三个朝代的合称。

④ 五霸：即春秋五霸，指春秋时期被推为盟主的五位国君。有两种说法：一种是齐桓公、晋文公、秦缪公、吴王夫差和越王勾践；另一种是齐桓公、晋文公、秦缪公、宋襄公和楚庄王。

【大意】

公孙鞅说："您所说的这些话，正是社会上流俗之人的言论。平庸的人往往安于旧的习俗，读死书的人局限在他们听说过的事情上。这两种人，只能安置在官位上遵守旧法，却不能同他们在旧有的法度之外讨论变法革新的事。夏、商、周这三个朝代的礼制各不相同，却都能称王于天下，春秋五霸各自的法制也不相同，却能先后称霸诸侯。所以有智慧的人能创立新法，而愚笨的人只能墨守旧法；贤能的人能变革旧礼，而没有才能的只能受旧礼的束缚。受旧礼制约的人，不能够同他商讨国家大事；被旧法限制的人，不能够同他讨论变法革新。国君您不要再迟疑不定了。”

【点评】

战国时期，秦国国君孝公召集商鞅、甘龙和杜挚三位大臣共议国事，为的是探讨政法的本务，预测世事的变化，寻求治理民众的方法。甘龙提出“知者不变法而治”的观点后，商鞅对这一保守复古思想进行了驳斥，选文即来源于此。作为法家代表的商鞅，有着不断创新、锐意改革的独特气质。他认为一切法律和制度都应随时势的变化而变化，一个安于现状、不思变革的国家，注定要被时代所抛弃。商鞅的一番话说得秦孝公颔首称善，决心变法。秦国由此走上了富强之路。

发行交子　惠及民生

《续资治通鉴长编》

（宋）初，蜀民以铁钱重①，私为券，谓之交子，以便贸易，富民十六户主之。其后富者稍衰，不能偿所负，争讼数起。大中祥符末②，薛田为转运使③，请官置交子务以榷其出入④，久不报。寇瑊守蜀，遂乞废交子不复用。会瑊去而田代之，诏田与转运使张若谷度其利害。田、若谷议：“废交子不复用，则留易非便，但请官为置务，禁民私造。”戊午，诏从其请，始置益州交子务⑤。

【注释】

①蜀：指今四川地区。

② 大中祥符：北宋真宗皇帝的第三个年号，时间从 1008 年到 1016 年，共 9 年。

③ 转运使：北宋掌管一路或几路财政赋税、监察地方州府官吏的大臣。

④ 交子务：宋代掌管纸币流通事务的机关。

⑤ 益州：今四川成都。

【大意】

（北宋）初期，四川地区的人因为嫌铁钱太重不便于随身携带，于是私自印制一种可以兑换铁钱的票据，称为“交子”，以便于贸易，这种票据的发行由十六户富商主持掌管。后来，这些富商家道衰落，不能完全履行兑换铁钱的义务，以致引起了多起诉讼。大中祥符末年，薛田任转运使一职，他奏请由官府设置交子务来专门管理交子的发行和兑换，但一直没有得到答复。后来，寇瑊在四川任职，便请求废除交子不再使用。（宋仁宗时）寇瑊离任而薛田继任，皇帝下诏让薛田与转运使张若谷详细考察发行交子的利弊。薛田与张若谷合议：“废除交子不准使用，不便于贸易往来，但必须由官府进行统一管理，禁止民间私造。”天圣元年（1023）十一月，仁宗下诏采纳了他们的建议，开始在成都设置交子务。

【点评】

国民生产总值占当时世界 50% 以上的北宋王朝，商品经济发达，特别是有“天府之国”美誉的四川地区，交易额更是庞大，创新出一种轻便的货币作为支付手段以替代沉重的铁钱成了当务之急。在这样的背景下，交子便应运而生了。当然，同许多新生事物一样，交子从最初的商业信用凭证到确立为官方法定货币经历了不少曲折，但利于国计、惠及民生的举措终究会得到肯定和延续。交子，这个世界上最早流通的纸币的出现是我国货币史上的一大创举，有学者认为它堪与中国古代四大发明相比，可列为中国第五大发明。

改革税制以革贪渎之弊

《郎潜纪闻初笔》卷二

雍正间，耗羡归公①，定直省各官养廉②，由世宗之独申睿断③，因时制宜，而其端则发于山西巡抚诺岷、布政司高成龄④。盖先是州县征收火耗，借资日用；上司所需，取给州县，不无贪吏借口上司容隐之弊。雍正二年，诺岷请将山西一年所得耗银，提解司库，除抵补无著亏空外，分给各官养廉；而成龄复请仿山西例，通行直省。上以剔除弊窦，必更定良法，耗羡必宜归公，养廉须有定额，诏总理王大臣、九卿会议。会各省皆望风奏请，议遂定，使嗣后为民牧者，恪守成规，不于耗羡外更加耗羡。诺岷与成龄，洵一言利溥矣。

【注释】

① 耗羡：官府在征收钱银时，以弥补损耗为由在正额（即正税数额）之外加收的无定例可循的附加税。因耗羡不在上缴的正额之内，官员从中任意侵贪，成了官场公行的陋习。

② 直省：指直隶地区和各省。养廉：即养廉银，清官员于正俸外加给的一种收入。

③ 世宗：即雍正皇帝，庙号世宗。

④ 巡抚：清代省级地方最高行政长官，总揽一省的军事、吏治、刑狱等事。布政司：即承宣布政使司，长官为布政使，掌管一省的民政、田赋、户籍。

【大意】

清朝雍正年间，朝廷规定耗羡由国家统一征收，并上缴国库，其中一部分税款用作各直省文职官员正俸之外的养廉银，这是由雍正皇帝根据当时的社会情况来决定的，但这一制度实发端于山西巡抚诺岷、布政司高成龄。此前，各州县征收火耗供自己的日常开销；上级所需的费用，也从州县中提取，这样就有贪官污吏借口上级所需从中舞弊。雍正二年（1724），诺岷奏请将山西一省一年所得的火耗，全部上缴国库，这些钱除了抵偿一些没有着落的亏空外，其余的分给各官作为廉洁奉公的奖励，即养廉银；后来，成龄又奏请仿照山西的办法，通行于直省。皇帝认为，要革除贪污的弊病，就必须改革财政制度，耗羡必须归公，养廉银要有定额，他下诏让总理王大臣会同九卿集体商议。正赶上各省官员纷纷奏请赞同实行此法，于是朝廷决定，以后向农民征收赋税的官员要遵守规定，不能在耗羡之外再加收耗羡。诺岷和高成龄的一句话使官员和百姓都得到了很大益处。

【点评】

赋税是中国古代国家管理经济的重要手段，是关系国计民生的大事。以勤谨为政、开拓进取著称的雍正皇帝在位期间对税制进行过两项重大改革，一是摊丁入亩，二是火耗归公。其中耗羡归公的实施，意味着养廉银制度的肇始和对清朝财政制度的清理整顿。这一改革完善了国家的税收制度，减轻了人民的额外负担，增加了官员的薪给，对整顿吏治、推行廉政起到了积极的作用，更为康乾盛世的巩固和发展提供了有力保证。

官箴辑要

穷则变，变则通，通则久。——《周易·系辞》

【大意】 危机时则必须变革，变革后前途才会通达，前途通达事业就能长久。

苟利于人，不必法古；必害于事，不可循旧。——〔北齐〕刘昼《新论·法术》

【大意】 如果对大多数人有好处，就不一定要仿效古人的做法；如果对事业的发展一定有害，就不应该因循守旧。

以惟新之政，为万代法，若不革旧风，令归正道者，非也。——《旧唐书·刘偃传》

【大意】通过变革创立新政局，为后世历朝历代所效法，如果不革除落后的风俗和制度，使其走向因时变法的道路，是绝对错误的。

行于前者不能行于后，宜于古者不能宜于今。理因时致宜，逝者皆刍狗矣，不亦朽敝乎哉？——〔明〕王廷相《雅述·下篇》

【大意】前朝实行的制度并不能适宜于后代，适宜古代的制度并不能适合于当今。因此，应该根据不同时期的具体情况，采取与之相适应的制度，过去的事物如同祭祀用的草扎刍狗一样，难道不是已经腐朽凋敝了吗？

一祖之法无不敝，千夫之议无不靡，与其赠来者以劲改革，孰若自改革。抑思我祖所以兴，岂非革前代之败耶？前代所以兴，又非革前代之败耶？——〔清〕龚自珍《乙丙之际著议第七》

【大意】祖宗的法令制度没有不因时过境迁而产生弊病的，众人对改革的要求是不可阻挡的，与其让别人用强力来进行改革，何不自行变法革新。回想我朝开国之祖，不正是革除了前代的旧制度而走向兴盛的吗？前代兴盛的原因，不也是革除更前一代的弊病吗？

泥守旧方而不知变，永因旧历而不更新，非徒不适于时用，其害且足以死人。——〔清〕康有为《礼运注叙》

【大意】拘泥保守而不知道变革，永远因袭旧的历法而不知道更新，不但不能适应时代的需要，而且其危害足以置人于死地。

团结协作

将相协力

《资治通鉴·汉纪》

陈平患诸吕，力不能制，恐祸及己。尝燕居深念①，陆贾往，直入坐，而陈丞相不见。陆生曰：“何念之深也！”陈平曰：“生揣我何念？”陆生曰：“足下极富贵，无欲矣；然有忧念，不过患诸吕、少主耳。”陈平曰：“然！为之奈何？”陆生曰：“天下安，注意相；天下危，注意将。将相和调，则士豫附②；天下虽有变，权不分。为社稷计，在两君掌握耳。臣常欲谓太尉绛侯③，绛侯与我戏，易吾言④。君何不交欢太尉，深相结？”陈平用其计。两人深相结，吕氏诸益衰。

【注释】

① 燕居：退朝以后在家中闲居。深念：指十分忧虑。

② 豫附：心悦诚服地前来归附。豫，快乐。

③ 太尉：中央掌军事的最高官员。绛侯：指西汉开国功臣周勃。

④ 易吾言：轻视我的话。

【大意】

陈平担心吕氏篡权，自己又无力制止，恐怕大祸临头，曾独居静室，苦思对策。恰在此时陆贾来访，径直走入室中坐下，陈丞相正苦思冥想，竟未察觉。陆贾说：“丞相思虑何事，竟如此全神贯注！”陈平说：“先生猜测我思虑何事？”陆贾说：“您富贵无比，不会有更高的欲念了；但您却有所忧虑，不外乎是担心诸吕和幼主罢了。”陈平说：“先生猜得对。此事该如何处理？”陆贾说：“天下平安无事时，要重视丞相；天下动乱不安时，要重视大将。将与相关系和谐，士人就会欣然归附；天下即使有重大变故，大权也不会分散。安定国家的根本大计，就在你们二位的掌握之中了。我曾想对太尉周勃说明这一利害关系，周勃平素常与我开玩笑，不会重视我的话。丞相为何不与太尉交好，密切联合呢！”陈平采纳了陆贾的意见。这样，陈平、周勃二人就建立起非常密切的联系，吕氏篡权的阴谋也就更加难以实现了。

【点评】

西汉初年，吕后大封吕氏宗族为王。大权专揽的诸吕，时刻觊觎着刘姓天下，汉室安危系于一线。即将到来的政治动荡给丞相陈平带来了巨大的压力。幸逢陆贾献策，陈平得以团结太尉周勃，二人勠力同心、共扶汉室。早年，周勃曾诬蔑陈平“盗嫂受金”。面对私人恩怨，陈平以大局为重，毅然摒弃前嫌，与周勃精诚团结、共撑危局，演绎了一幕汉代版的“将相和”。吕太后去世后，二人又协同行动，除去吕氏集团，拥立汉文帝，共同维护了汉初统一、和平的局面，为后来的“文景之治”奠定了基础。

同心对敌

《人谱类记》

郭子仪初与李光弼俱为安思顺牙将[①]，不相能[②]，虽同席不交谈。后子仪代思顺为将，光弼恐见诛，乃跪请曰：“死所甘心，但乞贷妻子[③]。”子仪趋堂下，握其手曰：“今国乱主辱，非公不能定，仆岂敢怀私忿哉！”因涕泣勉以忠义，即荐之为节度使[4]，遂同破贼，无纤毫猜忌。

【注释】

① 牙将：副将。

② 不相能：互相看不起。

③ 贷：宽恕。

④ 节度使：官名，唐代开始设立的地方军政长官。

【大意】

起初，郭子仪与李光弼同为安思顺麾下将领，当时二人极不和睦，即使坐在一起也不交谈。后来郭子仪接任安思顺做了大将，李光弼怕被郭子仪杀掉，就跪下向郭子仪请求说："我甘愿一死，只希望您饶恕我的妻儿。"郭子仪快步走下堂来，拉住李光弼的手说："现在国家动乱，主上受辱，没有您就无法使国家安定，我怎能怀有私心泄愤呢？"于是流着泪勉励李光弼要为国尽忠，随即又推荐他做了节度使。此后，郭子仪就与李光弼共同破贼，再没有一丝一毫的猜疑。

【点评】

郭子仪与李光弼是唐代中期的两员名将。"安史之乱"发生后，两人合力对敌、力挽狂澜，最终收复首都长安，使唐王朝得以延续。郭李二人发兵戡乱时，正值唐军溃败、玄宗退位、长安失守之际，在这样不利的形势下能完成如此辉煌的"再造之功"，团结起到了关键的作用。郭子仪能与李光弼冰释前嫌，又推举他出任节度使，使得将帅间相互信任，一心对敌。相比之下，安史叛军虽兵马充足、战力强劲，却频频爆发内讧——先是叛军首领安禄山被其子安庆绪所杀，之后另一叛军将领史思明又杀安庆绪夺权，最后史思明也被其子史朝义杀害，致使叛军内部离心，终为唐军所败。

官箴辑要

虽有尧之智而无众人之助，大功不立。——《韩非子·观行》

【大意】 虽然有尧帝一样的智慧，但没有众人的帮助，大的功业也是不能建立的。

独视不若与众视之明也，独听不若与众听之聪也，独虑不若与众虑之工也。——〔汉〕韩婴《韩诗外传》卷五

【大意】 一个人看不如许多人看看得清楚，一个人听不如许多人听听得真切，一个人思考不如许多人思考思考得精密细致。

千钧之重，乌获不能举也，众人相一，则百人有余力矣。——《淮南子·主术训》

【大意】 重达千钧的东西，即使是像乌获这样的大力士也不能独自举起来，但如果大家同心协力，那么有一百个人也就绰绰有余了。此句说明人多力量大，做工作应当群策群力。

谋及下者无失策，举及众者无顿功。——〔汉〕桓宽《盐铁论·刺议》

【大意】 遇事多与属下商议就不会有失策，做事调动起众人的积极性就不会不成功。

众力并，则万钧不足举也；群智用；则庶绩不足康也。——〔晋〕葛洪《抱朴子·务正》

【大意】 汇聚众人的力量，那么即使重达万钧的东西也不难举起来；运

用集体的智慧，那么各项事业都不难做好。此句说明只要把群众的智慧和力量集中起来，就可以克服艰难险阻。

明堂所赖者唯一柱，然众材附之乃立；大勋所任者唯一人，然群谋济之乃成。——〔宋〕石介《上范经略书》

【大意】古时帝王宣明政教之地靠的是一根柱子支撑，但是这根柱子要有其他很多材料加以辅助才能矗立起来；大功业往往由一个人承担，但只有依靠众多人的谋划和努力才能完成。

倾厦非一木之支也，决河非捧土之障也。——〔清〕魏源《默觚下·治篇》

【大意】倾斜的大厦不是一根木头就能支撑得住的，决了口的大河不是一捧土就能堵塞得住的。

因时制宜

光武帝精简机构

《后汉书·光武帝纪》

六年春正月辛酉，诏曰："往岁水旱蝗虫为灾，谷价腾跃，人用困乏。朕惟百姓无以自赡，恻然愍之。其命郡国有谷者，给禀高年、鳏、寡、孤、独及笃癃、无家属、贫不能自存者①，如律。二千石勉加循抚②，无令失职。"六月辛卯，诏曰："夫张官置吏，所以为人也。今百姓遭难，户口耗少，而县官吏职所置尚繁，其令司隶、州牧各实所部③，省减吏员。县国不足置长吏可并合者，上大司徒、大司空二府④。"于是条奏并省四百余县，吏职减损，十置其一。

【注释】

① 给禀：也作"给廪"，由官府供给粮食。笃癃（lóng）：指病重体弱之人。

② 二千石：汉制，郡守俸禄为二千石，即月俸一百二十斛。因此用"二千石"代称郡守。

③ 司隶：负责监察京师和京师周边地区的官员。州牧：古代指一州之长。

④ 大司徒、大司空：均属于三公，是负责最高国务的长官。

【大意】

建武六年（30）春正月辛酉日，皇帝下诏说："以往的年份，水灾、旱灾和蝗灾接踵而来，谷物的价格飞涨，人民的用度极其匮乏。我牵挂天下百姓无法维持生活，内心极为悲痛。可命郡国中有粮食的人提供粮食，给予那些老人、鳏夫、寡妇、孤儿、孤老，以及病重体弱、没有亲属和贫困得无法生存的人，标准按照相关法律的规定。各郡国的太守要勉力而行，多加巡视安抚，不要失职。”六月辛卯日，皇帝又下诏说：“设置官府，部署官吏，都是用来治理民众的。如今百姓们遭受灾难，户口不断减少，而所设置的县级官吏职位还是很多，可以让司隶和各州州牧分别核实所辖地区的官吏设置，裁撤多余的官吏。那些不足以设置长、吏而又可以合并的县和县级诸侯国，先呈报给大司徒、大司空。”于是司隶和各州州牧分条上奏，一共减少了四百多个县，官吏的职位也随即减少了十分之九。

【点评】

汉光武帝刘秀出身皇族却生于乱世，戎马半生而终登大宝。但马上得天下，不可马上治天下。因此，建国伊始，刘秀便审时度势，对治国的方针、政府的机构进行了调整和改革，从而使东汉王朝焕然新生，也使他自己完成了从一名军事统帅到一代中兴之主的角色转换。对此，明末清初思想家王夫之评价说：“任为将师而明于治道者，古今鲜矣，而光武独多得之。”

唐太宗裁汰冗官

《贞观政要·择官》

贞观元年，太宗谓房玄龄等曰：“致治之本，惟在于审。量才授职，务省官员。故《书》称：‘任官惟贤才。’又云：‘官不必备，惟其人。’若得其善者，虽少亦足矣；其不善者，纵多亦奚为？古人亦以官不得其才，比于画地作饼，不可食也。《诗》曰：‘谋夫孔多，是用不就。’又孔子曰：‘官事不摄①，焉得俭？’且‘千羊之皮，不如一狐之腋②’。此皆载在经典，不能具道。当须更并省官员，使得各当所任，则无为而理矣。卿宜详思此理，量定庶官员位。”玄龄等由是所置文武总六百四十员。

【注释】

①摄：兼职。

②千羊之皮，不如一狐之腋：比喻众愚不如一贤。腋，狐狸腋下的皮毛，纯白珍美。

【大意】

贞观元年（627），唐太宗对房玄龄等大臣说：“治理国家的根本在于行事要审慎。要根据一个人才能的大小授予官职，务必精减官员人数。所以《尚书》说：‘只应选取贤良和有才能的人为官。’还说：‘官员不在齐备，在于用人得当。’如果任用了贤能的官员，尽管人数不多也可以让天下得到治理；若官员不贤能，人数再多又有什么用呢？古人也将不按才能选任官员比作在地上画饼，那是不能吃的。《诗经》中说：‘参谋的人如果多了，决策的时候反而无所适从。’孔子说：‘如果官员都是专职而不兼任职事，怎么能称得上节俭呢？’孔子还说：‘一千只羊的皮，也抵不上一只狐狸腋下的皮毛。’这些至理名言都已载入史册，数不胜数。现在应当并省官员，让他们各自承担起相应的职责，那么国家就可以无为而治了。你应该仔细考虑一下这个问题，衡量确定官员的编制。”房玄龄等人因此拟定出文武官员共六百四十人。

【点评】

唐朝初创时，政府机构庞杂，官员积冗，办事效率低下，严重阻碍社会进步。唐太宗即位后立即下令“省减吏员”，“使得各当所任”。这一举措体现了一代明君卓越的判断力和果敢的办事态度，也是太宗皇帝官不在多、量才授职，讲求质量、务求称职这一择官思想的实践，从而为“贞观之治”的实现奠定了坚实的基础。

张居正变法增效

《明史·张居正传》

居正为政，以尊主权、课吏职[①]、信赏罚、一号令为主。虽万里外，朝下而夕奉行。黔国公沐朝弼数犯法[②]，当逮，朝议难之。居正擢用其子，驰使缚之，不敢动。既至，请贷其死，锢之南京。漕河通，居正以岁赋逾春，发水横溢，非决则涸，乃采漕臣议，督艘卒以孟冬月兑运[③]，及岁初毕发，少罹水患。行之久，太仓粟充盈，可支十年。互市饶马[④]，乃减太仆种马[⑤]，而令民以价纳，太仆金亦积四百余万。又为考成法以责吏治。初，部院覆奏行抚按勘者，尝稽不报。居正令以大小缓急为限，误者抵罪。自是，一切不敢饰非，政体为肃。

【注释】

① 课：按一定的标准进行考核。

② 沐朝弼：明朝开国大将沐英的第八代孙，是个野心勃勃的骄纵之徒。

③ 孟冬：指冬季的第一个月，即农历十月。兑运：明代漕运方式之一。由官军代运漕粮，百姓支付相应的路费和耗米。

④ 互市：中原王朝与周边各族、外国之间的贸易往来。

⑤ 太仆：专管官府畜牧事务的官员。

【大意】

张居正执政时，把尊崇朝廷、考核官吏、信守赏罚、统一号令作为主要措施。即使远在万里之外，早上下达的政令到晚上就要执行。黔国公沐朝弼屡次犯法，应当逮捕，大臣们感到为难。张居正先提拔了他的儿子，又派人飞快地将他逮捕，令沐朝弼不敢反抗。犯人被押到朝廷后，朝臣们请求宽免他的死罪，张居正便把他押往南京监禁。漕运河道开通后，张居正发现，每年的漕粮往往到来年春天还未运完，如遇春雨水灾，不是河堤溃决，就是河道干涸。于是他采纳漕臣建议，令运粮士兵每年十月开始兑运，到第二年年初即发运完毕，这样就降低了受水灾干扰的概率。这项政策执行之后，仓库粮食储备充足，可供十年之用。通过常年的互市贸易，明朝的马匹增多了，张居正便下令将太仆所养的种马卖给民间，如此一来，太仆官署积累下四百多万的财富。张居正还制定了考成法，用以考核官吏政绩。起初，部院覆奏让巡抚巡按查勘的文件，往往被滞留而没有答复。张居正下令，按事情的大小缓急规定期限，延误者要判罪受罚。此后，官员们做事不再文过饰非，政治风气整肃一新。

【点评】

张居正这位明代最卓越的政治家，其改革思想在他的文集中俯仰皆拾："随时制宜"，"天下之事，极则必变，变则反始"，"其变不可胜穷"，等等。在他看来，政治制度需因时而制宜，因势而利导，需求新、求变，才能长久生存。虽然从严格意义上说，张居正的改革只是对旧制度的修补，但在其所处的历史背景下，已称得上是起衰振蔽。明王朝也因此出现了短暂的中兴，国运得以延续半个多世纪。

官箴辑要

从时者，犹救火、追亡人也，蹶而趋之，唯恐弗及。——《国语·越语下》

【大意】 善于抓住时机的人，就像救火、追赶逃跑的人一样，尽力地追赶，还怕来不及。

虽有智慧，不如乘势；虽有基，不如待时。——《孟子·公孙丑上》

【大意】即使有大智慧，也不如适应形势；即使有锄头，也不如等待农时。意思是做事要顺应时代的发展。

政令时，则百姓一，贤良服。——《荀子·王制》

【大意】政令符合当时的实际情况，百姓就能齐心，有德之人就会服从。

圣人不能为时，而能以事适时。事适于时者其功大。——《吕氏春秋·召类》

【大意】圣人不能够创造时势，但能够使自己所做的事情适应时势。做事情能顺应时代的人，取得的功绩就大。

时移而治不易者乱，能治众而禁不变者削。——《韩非子·心度》

【大意】时代变化了，但治理国家的方法不改变，国家就会混乱；耍小聪明的人多了，但国家的禁令不改变，国家就会被削弱。

为可为于可为之时则从，为不可为于不可为之时则凶。——〔汉〕扬雄《解嘲》

【大意】应当做的事情在应当做的时候做了就会顺利，不应当做的事情在不应当做的时候做了就会失败。

时未至而为之，谓之躁；时至而不为之，谓之陋。——〔明〕刘基《郁离子·井田可复》

【大意】时机还不成熟就急着去做，被称为急躁；时机已经成熟但还不去做，被称为见识狭小。

审度时宜，虑定而动，天下无不可为之事。——〔明〕张居正《答宣大

巡抚吴环洲策黄酉》

【大意】 仔细研究、反复思考时下的需要，考虑周全之后再行动，那么天下就没有不能做成的事情了。

国弈不废旧谱，而不执旧谱；国医不泥古方，而不离古方。——〔清〕纪昀《阅微草堂笔记·刘羽冲泥古》

【大意】 技压一国的棋手不废弃旧的棋谱，但也不死守旧的棋谱；名震一国的医生不拘泥于古时的药方，但也不撇开古时的药方。意思是对前人的经验不可随意否定，但也要依据当时的情况采取适当的措施。

善抓根本

赵威后匡正本末

《战国策·齐策》

齐王使使者问赵威后。书未发[①]，威后问使者曰："岁亦无恙耶？民亦无恙耶？王亦无恙耶？"使者不说[②]，曰："臣奉使使威后，今不问王而先问岁与民，岂先贱而后尊贵者乎？"威后曰："不然。苟无岁，何以有民？苟无民，何以有君？故有舍本而问末者耶？"

【注释】

① 书：信，这里指齐国给赵国的国书。

② 说：通"悦"，高兴。

【大意】

战国后期，赵国与齐国结盟，并互派人质。一次，齐王派遣使臣去拜见赵国当时临朝听政的赵威后（赵惠文王的妻子），以示友好。赵威后热情地接待了来访使臣。使臣献上了齐王准备的礼物，又呈上了一封齐王的亲笔书信。赵威后收下信，并未立即拆开，而是与使臣聊起天来。她亲切地问道："贵国的庄稼长势可好？贵国的百姓是否安居乐业？贵国君主也还好吧？"使臣听后，大为不悦，说道："我是奉了我国国君之命前来问候您的，可是您不先问我国国君的情况，反倒先问起庄稼、百姓，这分明是先贱而后贵啊！难道说，一个治理万民的君主，还比不上地里的庄稼和普通百姓吗？"赵威后听后并没有生气，反倒笑着对使臣说："这你可就错了！没有庄稼，如何养活百姓？没有百姓，又有谁来为君主服务呢？这不是贵贱之分，而是本末之别啊！难道说要舍弃根本，而去问那些细枝末节吗？”

【点评】

其实，早在赵威后之前的孟子就曾经说过：“民为重，社稷次之，君为轻。”可见，战国时期的民本思想是一脉相承的。在孟子和赵威后的眼中，对于国家而言，人民才是根本，民生才是关键。作为一国的执政者，赵威后抓住了国家生存发展的根本问题，虽然她执政仅一年便去世，但她重视民生、体恤百姓、任用贤臣的善举，为其在赵国树立起极高的威望，令赵国人久久传颂。

张良陈情献策

《史记·留侯世家》

上已封大功臣二十余人，其余日夜争功不决，未得行封。上在雒阳南宫，从复道望见诸将往往相与坐沙中语，上曰：“此何语？”留侯曰[①]：“陛下不知乎？此谋反耳。”上曰：“天下属安定，何故反乎？”留侯曰：“陛下起布衣，以此属取天下，今陛下为天子，而所封皆萧、曹故人所亲爱[②]，而所诛者皆生平所仇怨。今军吏计功，以天下不足遍封，此属畏陛下不能尽封，恐又见疑平生过失及诛，故即相聚谋反耳。”上乃忧曰：“为之奈何？”留侯曰：“上平生所憎，群臣所共知，谁最甚者？”上曰：“雍齿与我故，数尝窘辱我。我欲杀之，为其功多，故不忍。”留侯曰：“今急先封雍齿以示群臣，群臣见雍齿封，则人人自坚矣。”于是上乃置酒，封雍齿为什方侯，而急趣丞相、御史定功行封[③]。群臣罢酒，皆喜曰：“雍齿尚为侯，我属无患矣。”

【注释】

①留侯：指张良，因辅佐刘邦平定天下有功，被封为留侯。

②萧、曹：指西汉开国功臣萧何和曹参。

③趣：通“促”，催促。

【大意】

经过了历时五年的楚汉战争，刘邦得胜称帝，建立了汉朝，随后便开始大封功臣。在封赏了立有大功的二十多位臣子后，其余的功臣却因功劳大小日夜争吵，久久不能解决。

一天，刘邦在洛阳的南宫休息，他从阁道上向下眺望，看到将领们三五成群，坐在沙土地上窃窃私语。他召来谋臣张良问道：“他们在说些什么？”张良回答：“陛下还不知道吗？他们在商量造反的事呢！”刘邦听后大惊，说：“天下刚刚安定，为何要造反？”张良说：“陛下以一介平民夺得天下，所依赖的正是这些将领。如今您当了天子，所封赏的，都是您所亲近的人；所诛罚的，都是您所怨恨的人。现在军中正在论功行赏，如果将所有的功臣都进行分封，天下的土地毕竟有限，这些人怕没有自己的份，同时，他们还怕您清算旧账，最终会被杀头，所以聚在一起讨论如何造反。”刘邦问道：“那该怎么办呢？”张良说：“您生平最痛恨的人是谁？”刘邦答：“雍齿和我有旧仇，曾多次使我受辱，我早就想杀他了，只因他的功劳多，所以才不忍下手。”张良说：“那您就先封赏雍齿。群臣看到您最讨厌的人都被封赏了，他们自然也就心安了。”

听了张良的话，刘邦便大摆酒席，欢宴群臣，并当场封雍齿为什方侯。宴会结束后，群臣都高兴地说道：“连雍齿这样的都能封侯，我们这些人就没什么可担忧的了！”从此再没人提造反之事了。

【点评】

司马迁对张良的评价是：“图难于易，为大于细。”诚如斯言。《史记》

中找不到张良洋洋洒洒的高谈阔论和惊天动地的豪迈义举，他的所作所为，好似信手拈来，却又慎密稳健。张良之所以能从易处入手解决难题，从小处行动成就大业，正是由于他洞悉了问题的本质和关键。也正是这一功夫，成就了张良楚汉第一谋士的美名。

张巡擒贼擒王

《新唐书·张巡传》

（张）巡欲乘胜击陈留，子琦闻，复围城。巡乃椎牛大飨[①]，悉军战。贼望兵少，大笑。……巡夜鸣鼓严队，若将出。贼申警。俄自鼓，贼觇城上兵休，乃弛备。巡使南霁云等开门径抵子琦所，斩将拔旗。有大酋被甲，引拓羯千骑麾帜乘城招巡[②]。巡阴缒勇士数十人隍中[③]，持钩、陌刀、强弩，约曰："闻鼓声而奋。"酋恃众不为备，城上噪，伏发禽之，弩注矢外向，救兵不能前。俄而缒士复登陴[④]，贼皆愕眙，乃按甲不出。巡欲射子琦，莫能辨，因剡蒿为矢，中者喜，谓巡矢尽，走白子琦，乃得其状。使霁云射，一发中左目，贼还。

【注释】

① 椎牛大飨：即慰劳作战的官兵。椎牛，杀牛。大飨，犒劳军士。

②拓羯：唐代西北对卫士、战士的称呼。

③ 隍：没有水的城壕。

④ 陴：城上的矮墙，亦称"女墙"，俗称"城垛子"。

【大意】

唐天宝十四载（755），安史之乱爆发，朝野震骇。叛军安禄山初役大捷，气焰嚣张，派勇将尹子琦率军十万进攻睢阳。时逢御史中丞张巡驻于睢阳，见敌军来势凶猛，决定据城固守。

张巡鼓舞将士，犒飨三军，并亲率唐军与叛军交战二十余次。一天晚上，叛军刚刚休息，忽听睢阳城头战鼓隆隆、喊声震天。尹子琦急令部队备战。但唐军虽擂鼓呐喊，似要杀出城来，却一直紧闭城门，按兵不动。尹子琦的部队被折腾了一宿，彻夜未眠。到了第二天天亮，叛军将士疲乏已极，渐渐放松了警惕。这时，睢阳城中一声炮响，张巡部将南霁云率领守军冲杀出来。叛军们猝不及防，惊慌失措，唯有一名将领作战勇猛，带领千余骑兵绕城而战。张巡命令数十名军士用绳索缒下城去，藏身于城壕之中，趁敌将不备将其擒获，敌军顿时大乱。

张巡深知敌人众多，必须“擒贼擒王”，方能将敌人击破。他急令部队寻找尹子琦。张巡从未见过尹子琦，手下将士也没人认得，加之尹又混在大军之中，更加难以辨认。张巡心生一计，他让士兵们将秸秆削尖做成箭，射向叛军。中箭者发现自己中的是秸秆箭时，大为惊喜，以为对方箭已用完了。他们争先恐后地向主将报告这一消息，报信的人流涌向尹子琦。张巡见状，急令神箭手、部将南霁云向尹子琦放箭。羽箭正中尹子琦左眼——这回用的可是真箭了。只见尹子琦鲜血淋漓，仓皇逃命。叛军也一片混乱，追随主将大败而逃。

【点评】

安史之乱爆发前不久，诗人杜甫曾写下《前出塞》九首，其中有“射人先射马，擒贼先擒王”一句。可见，作战要主攻敌军的首领，做事要先抓问题的关键。即使面临困境，只要找出关键，问题也就迎刃而解了。面对不利的战局，张巡先是擒获敌方最英勇的战将，之后又射伤敌人的主帅，最终击溃了叛军，便是对这一道理的很好诠释。

官箴辑要

不治其本而务其末，譬如拯溺锤之以石，救火投之以薪。——《邓析子·无厚》

【大意】不治理根本问题而忙着处理细枝末节，就好比是垂下一块石头去救落水的人，扔一捆柴火去扑灭烈火。

伐木不自其本，必复生；塞水不自其源，必复流；灾祸不自其基，必复乱。——《国语·晋语》

【大意】如果不从根处砍伐树木，它一定还会再生；如果不从源头堵住水流，它一定还会再流；如果不从根本上消除灾祸，它一定还会再生出乱子。

鱼，我所欲也，熊掌，亦我所欲也，二者不可得兼，舍鱼而取熊掌者也。——《孟子·告子上》

【大意】鱼是我想要的，熊掌也是我想要的，两者不能同时得到，那就舍弃鱼而选熊掌。原比喻“生”与“义”不能同时得到的时候，应该舍生取义，后引申为做事出现矛盾时，应当舍弃次要的东西而选择主要的。

举网以纲，千目皆张；振裘持领，万毛自整。——〔汉〕桓谭《新论·离事》

【大意】提起网纲（提网的总绳）撒网，所有的网眼都会自然张开；手持衣领拂拭皮衣，所有的毛自然都会整理顺当。比喻做事情只要抓住了关键，一切问题都会迎刃而解。

不收金弹抛林外，却惜银床在井头。——〔唐〕李商隐《富平少侯》

【大意】 不去将弹出去的金弹丸捡回，任其抛落在外，却对井上的辘轳架有几分怜惜。比喻轻重不分，本末倒置。

善治病者，必医其受病之处；善救弊者，必塞其起弊之源。——〔宋〕欧阳修《准诏言事上书》

【大意】 善于治病的人，一定是医治患病的地方；善于匡救时弊的人，一定是堵塞弊病产生的根源。

末流之竭，当穷其源；枝叶之枯，必在根本。——〔明〕叶子奇《草木子·杂俎篇》

【大意】 河流下游的水枯竭了，应该从河流的发源地找原因；树木的枝叶干枯了，问题一定出在树根上。

川流溃决，必问为防之人；比户延烧，必罪失火之主。——〔清〕唐甄《潜书·远谏》

【大意】 江河决了口，一定要向修筑堤防的人问罪；一户连着一户被大火焚烧，一定要向酿成火灾的人问罪。说明遇到问题要从根本上找原因。

果决公正

何武秉公治吏

《汉书·何武传》

何武字君公，蜀郡郫县人也。……迁杨州刺史[①]。所举奏二千石长吏必先露章[②]，服罪者为亏除，免之而已；不服，极法奏之，抵罪或至死。九江太守戴圣，《礼经》号小戴者也，行治多不法，前刺史以其大儒，优容之。及武为刺史，行部录囚徒，有所举以属郡。圣曰：“后进生何知，乃欲乱人治！”皆无所决。武使从事廉得其罪[③]，圣惧，自免。……圣子宾客为群盗，得，系庐江，圣自以子必死。武平心决之，卒得不死。自是后，圣惭服。武每奏事至京师，圣未尝不造门谢恩[④]。武为刺史，二千石有罪，应时举奏，其余贤与不肖敬之如一，是以郡国各重其守相[⑤]，州中清平。

【注释】

①杨州刺史：即扬州刺史，是“扬州刺史部”的监察长官，辖区相当于今天安徽淮河以南、江苏长江以南，上海、江西、浙江、福建全部，湖北、河南部分地区。

② 二千石：汉代郡守的俸禄为二千石，因而以此代称郡守。露章：公开奏章纠举内容，让被弹劾的人知道而服罪。

③廉：察考，访查。

④造门：上门，到别人家去。

⑤守相：太守和国相。太守是一郡之中的长官，国相是诸侯王国中的最高长官。

【大意】

西汉建国之初，高帝刘邦沿袭了秦朝的郡县制，同时又分封诸侯王，地方上郡国交错、局面复杂。为了对地方实行有效的监管，汉文帝时便派官员巡视各地，号称“刺御史”，简称“刺史”。汉武帝时，将全国划分为十三个州作为监察区，每州派遣一名刺史，监督地方官员与郡国宗藩。刺史由中央直接选派，驻节州郡，专管“监察官吏风纪，体察地方民情民意”等事务。刺史制度的设立，使地方的官员在施政行为及个人作风上都有所顾忌和收敛，地方吏治遂为之清平。同时，一批公正廉明的刺史，也因其卓越的政绩而青史留名。

西汉末年的何武，以廉洁无私、秉公治吏而闻名。自何武升任扬州刺史后，他在纠举上报郡守级别的高官时，会事先向他们颁下通告。态度好、肯甘心服罪的，会减轻处罚，只将其免官而已；态度强横、不肯服罪的，则会将其罪行如实上报中央，并施以重罚，有的甚至处以极刑。

当时何武辖区内的九江太守是戴圣，即《礼经》中称为“小戴”的那一位。戴圣虽为硕儒，但其政行大多不遵法令，前任刺史因其儒者身份而加以宽容。何武到任时，巡行九江各处，审查囚犯的罪状，有被检举出来的就交给九江太守裁决治罪。戴圣对此极为不屑，说：“何武这个后生晚辈懂得什么，这分明在扰乱我的工作！”于是对交付的案件不予理睬。何武见状，意识到戴圣这是不尊法令，便派手下人严加查访戴圣的罪行。戴圣很害怕，主动向朝廷提出辞官的请求。后来，戴圣儿子的宾客们聚为群盗，被官府捕获，拘押在庐江郡（郡治在今安徽庐江县西）——正是何武巡视的辖区。戴圣见儿子受宾客牵连，又落入昔日“仇人”之手，认为儿子一定会被处死。而何武却用心公正地裁决了此案，戴圣之子最终得以免死。从此以后，戴圣羞愧难当，对何武心悦诚服。每当何武到京城奏事时，戴圣都会到他门下拜谒。何武任刺史期间，凡辖区内高官有罪，他都及时检举上报；其他清白的官员，不管有无贤能的名声，何武全都一视同仁、敬之如一，这使得郡国百姓对郡守、国相都很尊敬，扬州地方于是太平无事、闾阎安堵。

郑辰坊间察情

《明史·郑辰列传》

郑辰，字文枢，浙江西安人[①]。永乐四年进士。授监察御史。江西安福民告谋逆事，命辰往廉之，具得诬状。福建番客杀人[②]，复命辰往。止坐首恶，释其余。南京敕建报恩寺，役囚万人。蜚语言役夫谤讪，恐有变，命辰往验。无实，无一得罪者。帝语方宾曰："是真国家耳目臣矣。"

【注释】

①浙江西安：今浙江衢州。

② 番客：客居中国的外国人。

【大意】

刺史制度历经两汉，至东汉末年已逐渐失去了中央监察地方的职能。隋代设监察御史取而代之。御史制度发展到明代，形成了一个新的高峰。中央设都察院为最高监察机构，统辖十三道监察御史共百余人，他们主管纠察内外百官，负责察访地方舆情，与六科给事中合称言官，在明代历史上发挥着重要的作用。监察御史作为皇帝的"耳目之臣"，如要胜任就须"耳聪目明"，练就明察明断的本领。

永乐时期的监察御史郑辰，进士出身，既有明察秋毫之睿智，又具坚决果敢之魄力，出巡地方十余载，政绩斐然，堪称明代巡按的典范。一年，江西安福有百姓上诉谋逆案，朝廷命郑辰前往访察。经细致地走访，郑辰发现此事实为诬告，他上奏朝廷要求将被陷害之人平反。后来，福建有客居在中国的外国人杀人，当地民怨沸腾，郑辰又奉命调查此案。他详细地访察了案情，并再三权衡形势，最终决定只将主犯处决，释放其他与此案有关的人。这样既平息了民怨，又控制住了整个局面。永乐十年（1412），皇帝下诏在南京建大报恩寺，役使囚犯一万余人。此时坊间有流言说役夫们毁谤朝廷，恐有变乱发生。郑辰来到南京，几经明察暗访，发现此事并无真凭实据，于是将被关押的无辜役卒全部释放，避免了一场冤狱。永乐皇帝评价郑辰说："他真是一位国家的耳目之臣啊！"

【点评】

从郑辰的事例可以看出，从坊间流言到番客刑案，再到役卒变乱，监察御史事无巨细都要负责。如此错综复杂的工作，要求监察御史既要有随机应变的本领，也要有坚决果敢的意志，同时还要有明察秋毫的观察力和辨识力。

裴维侒纠弹巨贪

《为专阃大员侵盗巨款据实纠参》折

奉上谕，南澳镇总兵员缺，著万国本补授。……惟臣闻总兵万国本前任台湾总兵时，知中日和议已成，台湾为海外之地无人过问，辄敢焚毁藩署，将库藏盘运一空，并纵令兵丁四出劫掠，遇有赀财之户，肆意抢夺，致有惨杀百姓情事。台民衔之刺骨，呼吁无门。该总兵内渡至上海，寄居客栈，积银高与屋齐，每兑洋银，辄以五万计。往来仕商，传说殆遍，方以该总兵必内摄于衷[①]，从此匿迹。今已蒙恩简放[②]，是其并无告归之请，且恐更存侥幸之心。无论其从前有无战功，似此胆大妄为，实属异常贪暴。重膺重镇[③]，恐难得力。臣职司纠弹，既有所闻，不敢安于缄默，拟请旨饬下闽浙总督，选派廉干之员，严密访查，据实参办，臣为慎重边镇起见，是否有当，伏乞皇上圣鉴。

【注释】

①内摄于衷：指由衷地恐惧。摄，通“慑”，恐惧、害怕。

②简放：经简选，派任道府以上外官。

③重膺：重新接受重任。膺，担当，接受重任。

【大意】

清代在监察机构的设置上基本沿袭明制，其间稍加改动，将监察御史增为十五道，主管监察地方官员、各省刑名，以及在京诸司等。此时的御史制度较之前代，其职能已有弱化，作用也稍显逊色，但作为传统中国监察体系的一个重要组成部分，它仍在一定程度上促进了官吏的廉洁尽职和政治秩序的稳定。

光绪二十一年（1895），中日甲午战争清朝战败，被迫签订了《马关条约》，将中国的台湾割让给日本。此时的清政府已经内忧外患、千疮百孔。也正是这一年，裴维侒被任命为福建监察御史。鉴于当时台湾的混乱局面，裴维侒上呈了一份奏折，弹劾原台湾总兵万国本，也由此引出了一场惊天大案。

原台湾总兵万国本，此时刚刚被调任为广东南澳镇总兵，此人实为一个胆大妄为的巨贪。裴维侒在奏折中写道：万国本利用中日和议已成，双方尚未交接的混乱之机，放火烧毁了台湾当地的财政机关，趁乱将财政库藏盘运一空。他还纵容手下兵丁四出劫掠，大肆骚扰台湾百姓。遇到有钱人家，竟肆意抢夺，以致发生了杀害百姓的恶性事件。万国本在台湾的民愤极大，但台民状告无门。万国本内渡之后，住在上海客栈，他所侵吞的赃款数额巨大，以至金银满屋。他将银子分批兑换成洋元，每次都多达五万银元。万国本的贪赃恶行，在民间已是众所周知。可就是这样一位罪行累累的巨贪竟然逍遥法外，而且又被委以南澳镇总兵的重任。这是不可取的。我作为监察官员，有职责对其贪污行为进行调查，一旦查实，严惩不贷。请皇帝指示。

最终，清政府采纳了裴维侒的建议，并及时对万国本进行了处理。

官箴辑要

举棋不定，不胜其耦。——《左传·襄公二十五年》

【大意】下棋的人拿着棋子拿不定主意下在哪个位置，就不可能战胜对方。

一进一退，一左一右，六骥不致。——《荀子·修身》

【大意】一会儿前进，一会儿后退，一会往左走，一会往右走，即使是六匹好马拉的车也到不了目的地。比喻做事如果不专心、不果断，即使条件再好也是不容易成功的。

衡之于左右，无私轻重，故可以为平；绳之于内外，无私曲直，故可以为正。——《淮南子·主术训》

【大意】考察左右的人员，任用没有偏私，才可以算作公平；监督朝廷内外的大臣，判别是非没有偏颇，才可以算作公正。

蝮螫（shì）手则斩手，螫足则斩足。何者？为害于身也。——《史记·田儋列传》

【大意】剧毒的蝮蛇咬了手，就要把手斩断，咬了脚就要把脚斩断。为什么呢？因为它的毒液会危害到你的全身。比喻对有害于家国和社会的人，应当立即铲除。

难得而易失者，时也；时至不旋踵者，几也。——《后汉书·黄甫嵩列传》

【大意】难以得到而又容易失去的，是时间；在一定时候出现却又转瞬即逝的，是机会。

计疑无定事，事疑无成功。——〔三国〕诸葛亮《便宜十六策·察疑》

【大意】做计划的时候疑虑重重，就没有能够确定下来的事情；做事情的时候疑虑重重，就没有能够顺利建成的功业。说明思考问题、做事情，必须要善于决断，不能畏首畏尾。

言非法度不出口，行非公道不萌于心。——〔唐〕杨炯

【大意】不合乎规矩制度的话语不说，不合乎公正道理的行为不想。

言行如一

汉高帝纳言践行

《史记·郦生陆贾列传》

沛公至高阳传舍[①]，使人召食其。食其至，入谒，沛公方倨床令两女子洗足，而见食其。食其入，即长揖不拜，曰："足下欲助秦攻诸侯乎？欲率诸侯破秦乎？"沛公骂曰："竖儒！夫天下同苦秦久矣，故诸侯相率攻秦，何谓助秦？"食其曰："必欲聚徒合义兵诛无道秦，不宜倨见长者[②]。"于是沛公辍洗，起衣，延食其上坐，谢之。食其因言六国从横时[③]，沛公喜，赐食其食，问曰："计安出？"食其曰："足下起瓦合之卒，收散乱之兵，不满万人，欲以径入强秦，此所谓探虎口者也。夫陈留，天下之冲，四通五达之郊也，今其城中又多积粟，臣知其令，今请使，令下足下[④]。即不听，足下举兵攻之，臣为内应。"于是遣食其往，沛公引兵随之，遂下陈留。号食其为广野君。

【注释】

① 传舍：古时供往来行人居住的旅舍。

② 倨：通"踞"，叉开双腿坐着，以这种姿势见宾客，是一种很不礼貌的态度。

③ 六国：指战国时除去秦之外的山东六国。从横：即"纵横"。合纵连横，战国时许多谋士分属的两派，合纵为反秦派，连横为和秦派。

④ 令下足下：让他向您投降。"令下"中的"下"，降服。

【大意】

中国传统哲学中，知与行的关系历来备受重视。早在明代心学大师王阳明提出“知行合一”的命题之前，历史上已有许多相关探讨。《尚书》有云：“非知之艰，行之惟艰。”孔子也说：“言知之易，行之难。”西汉开国皇帝刘邦，就做足了知与行的功夫。他常向属下虚心问政，故而能“知”；他在臣僚的建议下不断改正过失、纠正错误，是为有“行”。正是这种知行合一的行事作风，使刘邦以眇眇之身得天下，最终建立了强盛的西汉帝国。

刘邦起事反秦时，年逾六十的儒生郦食其慕名前来投奔。刘邦本性豪爽粗鲁，与温文尔雅的儒生格格不入，加之当时社会重武轻文，使他对儒生更为轻慢。郦食其前来拜见时，刘邦正坐在床边让两名婢女洗脚。郦食其见状，只是作了个长揖而没有倾身下拜，并说道：“您是想帮助秦国攻打诸侯呢，还是想率领诸侯灭掉秦国？”刘邦骂道：“你个竖儒！天下人忍受秦朝暴政已经很久了，所以诸侯们才纷纷起兵反秦，你怎么说我帮助秦朝攻打诸侯呢？”郦食其说：“如果您下决心聚合民众、召集义兵来推翻暴秦，那就不应该用这种倨慢无礼的态度来接见长者。”刘邦听罢，立刻起身下床，穿戴整齐，之后将郦食其请到上宾的座位，并郑重向他道歉。郦食其谈了六国合纵连横的谋略，刘邦更是喜出望外，命人布置饭菜，与郦食其同餐对饮，共商大计。从此以后，不但郦食其肯为刘邦出谋划策，更吸引来一批富于谋略的儒士，他们在关键时刻为刘邦建言献策，刘邦也都能欣然接受。谋士们直言规谏，刘邦闻过则改，可谓知而立行。正是这种知行合一、知错就改的行事作风，使刘邦在秦末乱世脱颖而出，成为最终的胜利者。

汉武帝罪己改过

《资治通鉴·汉纪》

先是搜粟都尉桑弘羊与丞相、御史奏言："轮台东有溉田五千顷以上，可遣屯田卒，置校尉三人分护，益种五谷；张掖、酒泉遣骑假司马为斥候[①]；募民壮健敢徙者诣田所，益垦溉田，稍筑列亭，连城而西，以威西国，辅乌孙。"上乃下诏，深陈既往之悔……由是不复出军，而封田千秋为富民侯，以明休息，思富养民也。又以赵过为搜粟都尉。过能为代田，其耕耘田器皆有便巧，以教民，用力少而得谷多，民皆便之。……臣光曰：孝武穷奢极欲，繁刑重敛，内侈宫室，外事四夷，信惑神怪，巡游无度，使百姓疲敝，起为盗贼，其所以异于秦始皇者无几矣。然秦以之亡，汉以之兴者，孝武能尊先王之道，知所统守[②]，受忠直之言，恶人欺蔽，好贤不倦，诛赏严明，晚而改过，顾托得人，此其所以有亡秦之失而免亡秦之祸乎！

【注释】

①斥候：指进行侦察的士兵。

②知所统守：懂得如何治理国家，守住基业。

【大意】

汉武帝刘彻堪称是一位雄才大略的君主。他在位五十四年，三次大规模抗击匈奴，得以收复失地，御敌于国门之外；他施行"推恩令"，使中央集权进一步巩固和强化；此外他还凿空西域、创立太学、改太初历、铸五铢钱，在经济文化方面也大有作为。

在汉武帝统治时期，汉王朝国力空前强大。但同时，他在贪奢享乐、劳民伤财方面也被人诟病。晚年时汉武帝杀戮太重，"巫蛊之祸"使得父子相残、太子自杀，险些断送了大汉江山。经过了长达半个世纪的执政生涯，晚年的汉武帝对自己的一些作为有了深刻的认识，并颇具悔意。征和四年（前89），大臣桑弘羊等人上书，建议在轮台（今新疆轮台）戍兵以备匈奴，汉武帝驳回了他们的建议，并颁下著名的《轮台罪己诏》，深刻反思自己在执政上的失误。继而调整政策，严禁各级官吏对百姓苛刻暴虐，废止擅自增加赋税的法令，鼓励百姓致力于农业生产，停止大规模的军事行动，重新回到了与民休息、安定发展的轨道，为之后的“昭宣中兴”奠定了基础，也避免了像秦朝那样迅速败亡的结局。

司马光在《资治通鉴》里评价汉武帝“有亡秦之失，而免亡秦之祸”。汉武帝之所以没有重蹈秦王朝的覆辙，在于他能反省自己的错误，悬崖勒马，及时调整政策。在二十五史中统计，历代正式颁布过罪己诏的皇帝共有七十九人，其中肯针对诏书所列过失改变政策，继而开创中兴局面的帝王，汉武帝当属第一人。

历史为我们提供了丰富的借鉴。每个人都担当起自己应有的责任，国家才会政令畅通、繁荣昌盛。

晋灵公知行不一

《左传·宣公二年》

晋灵公不君：厚敛以雕墙[①]，从台上弹人，而观其辟丸也；宰夫胹熊蹯不熟[②]，杀之，寘诸畚[③]，使妇人载以过朝。赵盾、士季见其手，问其故，而患之。将谏，士季曰：“谏而不入，则莫之继也。会请先，不入，则子继之。”三进，及溜[④]。而后视之，曰：“吾知所过矣，将改之。”稽首而对曰：“人谁无过？过而能改，善莫大焉。《诗》曰：‘靡不有初，鲜克有终。’夫如是，则能补过者鲜矣。君能有终，则社稷之固也，岂惟群臣赖之。又曰：

‘衮职有阙，惟仲山甫补之[⑤]。’能补过也。君能补过，衮不废矣。”犹不改。宣子骤谏，公患之，使鉏麑贼之[⑥]。……乙丑，赵穿攻灵公于桃园。

【注释】

①厚敛：加重征收赋税。雕墙：装饰墙壁。指修筑豪华宫室，过着奢侈的生活。

②宰夫：国君的厨师。胹（ér）：煮，炖。

③寘：同“置”，放置。畚：筐篓一类盛物的器具。

④溜：屋檐下滴水的地方。

⑤衮：天子的礼服，借指周宣王。仲山甫：周宣王的贤臣。

⑥贼：刺杀。

【大意】

春秋时的晋灵公不行君道。他对国民横征暴敛，用以满足自己奢侈的生活。他为人荒诞暴虐，常在宫中高台上用弹弓射击行人，以供取乐。一位御厨因烹饪时没把熊掌炖烂，便被晋灵公杀掉，尸体放在筐中，让宫女们用车载着经过朝堂。大臣赵盾和士季看到了车中露出的死人手，便询问他被杀的原因。得知事情的原委后，他们为晋灵公的无道感到深深忧虑，准备进行规谏。

士季对赵盾说：“如果您去进谏而国君不听，那就没有人能接着进谏了。让我先去，他若不听，您再去接着劝谏。”于是士季去见晋灵公。来到宫中，士季边往前行边伏地行礼，如此三次，晋灵公都假装没有看见他。直到士季来到檐下，晋灵公才抬头看他，并说：“我已经知道自己的过错了，打算改正。”士季叩头回答说：“没有人能不犯错误，犯了错误如果能够改正，那就没有比这更大的好事了。《诗经》上说：‘靡不有初，鲜克有终。’如诗中所说，肯弥补过失的人太少了。您如能知过就改、坚持向善，那么臣子们就有了依靠，国家也就有救了！《诗经》又说：‘衮职有阙，惟仲山甫补之。’这是说周宣王能够改过补缺。国君肯知错就改，君位才能永固啊！”

可是，晋灵公虽说知错，却并没有改正。此后赵盾又多次劝谏，这让晋灵公备感厌烦。他先派力士鉏麑去刺杀赵盾，之后又在宫中设宴暗算赵盾，好在赵盾都侥幸逃脱了。时隔不久，赵盾的堂弟赵穿便在桃园中杀掉了晋灵公。

正如《诗经》所言：“靡不有初，鲜克有终。”晋灵公知错而不能改，正所谓知行不一，有始无终，从而断送了自己的性命。

官箴辑要

不闻不若闻之，闻之不若见之，见之不若知之，知之不若行之。——《荀子·儒效》

【大意】 没听说的知识不如听到，听到了不如看到，看到了不如深入了解，深入了解了不如将其去实行。

无财之谓贫，学而不能行之谓病。——〔汉〕刘向《新序·节士》

【大意】 没有财物叫作贫穷，学习了知识但不能在行动中实践叫作弊病。说明学以致用的重要性。

知而不能行，与不知同。——〔宋〕黄晞《聱隅子·生学篇》

【大意】 知晓了道理却不能去践行，与不知晓道理是一样的。

力学而得之，必充广而行之。——〔宋〕杨时《河南程氏粹言·论学篇》（程颐语）

【大意】经过努力学习而获得的知识，一定要拿到更广泛的范围中去加以实践。

论先后，知为先；论轻重，行为重。——〔宋〕朱熹《朱子语类》卷九

【大意】论先后，知识在先；论轻重，实践为重。意谓知识与实践二者，知先行后，知轻行重，因此不仅要知更要去做。

一语不能践，万卷徒空虚。——〔明〕林鸿《饮酒》

【大意】一句话也不能去实践体验，即使读上一万卷书，也是毫无意义的。说明知识贵于能在实践中加以应用，死读书、读死书都是不可取的。

知者行之始，行者知之成。——〔明〕王守仁《传习录》

【大意】求知是实践的开始，实践是求知的目的。说明知和行是相互联系、不可割裂的。

人生息弗闻教也，既闻之，息弗由也，既由之，息弗习也。——〔明〕吴廷翰《教问》

【大意】人生在世就怕听不到教诲，听到教诲就怕不能根据它去做，根据它去做了则怕不能始终如此。说明人们得到教诲贵在能一以贯之地身体力行。

心中醒，口中说，纸上作，不从身上习过，皆无用也。——〔清〕颜元《存学编》卷二

【大意】心里清楚，嘴上能说，纸上能写，如果不亲身加以实践，就都是无用的。说明知识贵在能运用于实践。

讲求实效

梁元帝清谈误国

《资治通鉴·梁纪》

帝好玄谈，辛卯，于龙光殿讲《老子》。……乙巳，魏遣柱国常山公于谨、中山公宇文护、大将军杨忠将兵五万入寇。……庚午，复讲，百官戎服以听。辛未，帝使主书李膺至建康，征王僧辩为大都督、荆州刺史，命陈霸先徙镇扬州。僧辩遣豫州刺史侯瑱帅程灵洗等为前军，兖州刺史杜僧明帅吴明彻等为后军。甲戌，帝夜登凤皇阁，徙倚叹息曰[①]："客星入翼、轸，今必败矣！"嫔御皆泣。

辛未，帝为魏人所杀。……尽俘王公以下及选百姓男女数万口为奴婢，分赏三军，驱归长安，小弱者皆杀之。

上（唐太宗）曰："梁武帝君臣唯谈苦空，侯景之乱，百官不能乘马；元帝为周师所围，犹讲老子，百官戎服以听。此深足为戒。"

【注释】

①徙倚：徘徊，流连不去。

【大意】

梁元帝萧绎，自幼聪颖，极具才华，能诗善画，尤好读书，生平所藏图书多达十四万卷。但萧绎读书虽多，却只醉心于文章辞藻、玄学义理，而不问实务，最终落得国破身亡，汗牛充栋的藏书，也被他亲手付之一炬。

公元554年，正逢多事之秋，中华大地四方云起、战鼓喧天。北方的西魏政权集结了大军，向南方的梁朝发动进攻。五万军队在常山公于谨和中山公宇文护的率领下，从长安开拔，直袭南朝梁首都建康（今江苏南京）。而此时的梁朝，一场学术讨论会正开得如火如荼——由梁元帝萧绎在龙光殿亲自主讲《老子》。主讲席上的萧绎口若悬河、滔滔不绝，殿中群臣纷纷发难、各逞口舌。当大兵压境的战报传入宫中时，梁元帝大惊失色，赶忙派侍中王琛去前方打探消息。

不知是敌军行踪诡秘，还是王琛行事草率，他在前线并未遇到敌军，于是发回一封“境上帖然，前言皆儿戏”的奏报。梁元帝听后将信将疑，但他不派人核查，又不积极部署军务，而是先将那场兴致犹酣的学术讨论会进行到底。大臣们害怕敌人来袭，但又不敢违抗皇命，只得身穿铠甲前去听讲。

精妙的玄学义理终究敌不过凶猛的虎狼之师，不出一个月，西魏军队就攻入建康城，梁朝灭亡，元帝被杀，数万百姓被俘虏为奴。在都城陷落前，萧绎将十四万卷藏书全部焚毁。西魏人问他为何焚书，萧绎答道：“我读书破万卷，却依然落得今日下场，要这些书有什么用呢！”

【点评】

梁元帝将自己的失败归咎于读书，殊不知，读书并非症结所在；读书虽多却不问实政，只知一味清谈，这才是败亡的关键。两晋南朝的清谈之风，多为后人所诟病。唐太宗曾称其“深足为戒”，顾炎武也有“清谈误国”之论。如今，站在新的时代起点回望历史，“空谈误国、实干兴邦”的理念被再一次提出，这对当今中国确有重大的警示意义。

范仲淹亲力务实

《宋史·范仲淹列传》

寻通判河中府[①]，徙陈州。时方建太一宫及洪福院，市材木陕西。仲淹言："昭应、寿宁，天戒不远。今又侈土木，破民产，非所以顺人心、合天意也。宜罢修寺观，减常岁市木之数，以蠲除积负。"又言："恩倖多以内降除官，非太平之政。"事虽不行，仁宗以为忠。

岁大蝗旱，江、淮、京东滋甚。仲淹请遣使循行，未报。乃请问曰："宫掖中半日不食，当何如？"帝恻然，乃命仲淹安抚江、淮，所至开仓赈之，且禁民淫祀[②]，奏蠲庐舒折役茶、江东丁口盐钱，且条上救弊十事。

徙苏州。州大水，民田不得耕，仲淹疏五河，导太湖注之海，募人兴作，未就，寻徙明州，转运使奏留仲淹以毕其役，许之。

【注释】

①通判：辅佐知州或知府处理政务的官员，并有监察官吏之权。

②淫祀：不合礼制的祭祀。

【大意】

讲求实效的务实思想，在我国古已有之。北宋著名政治家、文学家范仲淹在《蒙以养正赋》中写道："务实去华，育德之方斯在；反听收视，养恬之义相应。"说的就是讲求实效、抛却浮华的道理。

范仲淹任陈州通判期间，恰逢朝廷大兴土木，要建造太一宫和洪福院两座道观，并为此在陕西大肆征收木材。见此情景，范仲淹当即向朝廷建言："京城的两座道观昭应宫与寿宁宫在不久前刚被烧毁，现在又大兴土木，枉费百姓财产，这样既不顺乎人心，又不合乎天意。应该立即停止工程，减少征购木材的数量，并免除百姓长期以来所负担的繁重赋税。"同时，他又对朝中的选官现状提出意见："现在的很多官员，仅因受到皇帝恩宠就被授予高官厚禄，这实在有违公允，不是太平治世所应施行的政策。"

宋朝的皇帝崇信道教，当时秉政的宋仁宗还曾写过一篇《尊道赋》。上行下效，朝廷内外广修道观，劳民伤财，更有道士因皇帝宠幸而受诏入朝为官。范仲淹直陈时弊，劝诫皇帝不要沉迷道教而轻慢民生，其务实态度令人称道。

有一年，江、淮、京东地区发生了严重的虫旱灾害。范仲淹请求朝廷派官员前往灾区察看灾情，但并未得到答复。于是他觐见仁宗问道："如果宫中的人有半天吃不上饭，情形会是如何呢？"仁宗皇帝很有触动，于是派遣范仲淹去安抚江、淮地区的灾民。范仲淹开仓济民，并奏请朝廷免除庐州、舒州上供的折役茶和江东的丁口盐钱。此外他还借机向仁宗皇帝上疏，提出了十条改革弊政的方案。

此后，范仲淹调任苏州知州，又遇当地发生水灾，百姓的田地积涝无法耕种。范仲淹带领民众疏通河渠，导引太湖水流入大海。这些防灾赈灾工作，范仲淹无不亲力亲为、真抓实干，其积极务实的作风颇富实效，每每救灾民于水火之中。

雍正帝敦尚实政

《雍正实录》

自古圣贤为治，皆尚实政，最恶虚名。若时存沽名市惠之心，必至为同流合污之乡愿，又何能为整纲饬纪之良吏乎。……沽名邀誉，乃居官之大患。大凡在任时贴德政之歌谣，离任时具保留之呈牒[①]，皆非真正好官也。惟去任之后，绅衿百姓思念不忘，则不愧古之循良矣。

朕望天下督抚董率有司，屏弃虚文，敦尚实政。平时则劝农教稼，辟地垦荒，崇俭黜奢，储粮积粟，以立其根本；偶遇旱潦，即据实奏闻，殚心区画。

【注释】

①呈牒：此处指百姓呈上的表示感谢的文书。牒，文书。

【大意】

纵观清朝雍正皇帝执政的十三年，可以说是以务实精神来治理天下的。

他曾明确地告诫文武百官：“朕生平最憎‘虚诈’二字”，且“最恶虚名”。注重实效的雍正，向来反对大臣们沽名钓誉、欺世盗名。当时官场流行所谓“名实兼收”的恶习。一些官员刻意博取廉洁的美名，作为自己升官的资本，贪取官职、财货才是他们最终的目的。这类官员善于钻营、精于仕宦，既捞取了实惠，又博得了名声。相反，那些朴实无华、敦尚实治的官员却备受打压和排挤，难有出头之日。对此，雍正加以严厉整饬，并提出了新的名实观，即以百姓称颂为名，以奉公尽职为实。

雍正也反感那些一味奉迎而不行实政的官员。山东兖州知府吴关杰把皇帝的谕旨奉为至宝，悬挂堂中，朝夕瞻仰，后来又找工匠将谕旨刻在府衙大堂的屏门之上。他还把自己如何尊奉圣旨的举动详细奏报上去，以希博得皇帝的欢心。没想到雍正当即给吴关杰泼了一瓢冷水，教训他应专心于分内的政务，这种迎合之举“朕皆不喜”。陕西巡抚马尔泰则想借好年景来称颂皇帝的圣德，他奏报了治内雨雪情形，将风调雨顺归功于皇帝的洪福。雍正看后在奏折上批道：“这类套话实在没味，朕已再三告诫内外百官不要做迎合虚文，已是口干舌燥了，你竟仍务此道，难道没长耳目吗？”这些一味讨好的大臣，都得到了毫不留情的责骂。

对于敢讲真话、肯干实事的官员，雍正则大为赏识。御史李元直一向直言上疏，痛陈时弊且切中要害。雍正便将他召入内廷面谈，赐食荔枝，并鼓励他以后仍要尽力直言。田文镜凡事直言，受雍正重用而不迎合。雍正曾下旨，在全国各州县的大乡村设立“讲约所”，每月初一召集农民宣讲《圣谕广训》。接到谕令后，时任河南、山东两省总督的田文镜据实陈奏不同意见，说农事繁忙，按月宣讲有碍农事，且各省乡村遍设讲约所，每年费用不下数十万，实属浪费。《圣谕广训》本是先皇康熙的圣训，但田文镜仍以实务为重，坦抒己见，对皇帝已经批准的事敢于说“不”。雍正欣然采纳了田文镜的建议，不愧为一位勤政务实的有为君主。

官箴辑要

谋必素见成事焉，而后履之。——《国语·吴语》

【大意】 谋略必须预先看到一定可以成功，然后才去实行。意谓做事不可空想，要讲求实效。

良剑期乎断，不期乎镆铘；良马期乎千里，不期乎骥骜。——《吕氏春秋·慎大览·察今》

【大意】 好剑只要求它能把东西斩断，不要求它有镆铘那样的美名；好马只要求它能日行千里，不要求他有骥骜那样的美誉。比喻做事情追求实际，不追求形式。镆铘，也作莫邪，古代宝剑名。骥骜，千里马。

失火而取水于海，海水虽多，火必不灭矣，远水不救近火也。——《韩非子·说林上》

【大意】 失了火而从远处的大海中取水，海水虽然多，但火必定不会被扑灭，远处的水救不了近处的火。比喻做事情应求实效。

浴不必江海，要之去垢；马不必骐骥，要之善走。——《史记·外戚世家》

【大意】 洗澡不一定非要在江海之中，主要是能够洗去身上的污垢；骑马不一定要骑千里马，主要是马能够善于行走。比喻做事不务虚名。

智若禹汤，不如尝更。——〔北魏〕贾思勰《齐民要术》

【大意】 有夏禹和商汤一样的智慧，也不如亲身经历、亲自实践。说明智慧再高，不去实践也不会有所建树。

救饿者以圆寸之珠，不如与之橡子；贻溺者以方尺之玉，不如与之短绠。——〔北齐〕刘昼《刘子·随时》

【大意】 救助饥饿之人，给他一颗直径一寸的浑圆的珍珠，不如给他一颗橡树的果实；对于一个落水之人，给他一块一尺见方的美玉，不如给他一截绳子。喻指救助人应该注重简便实效。

春花无数，毕竟何如秋实。——〔宋〕陈亮《三部乐》

【大意】 春天里，鲜花漫山遍野，不可计数，但它究竟在哪些方面能和秋天的累累果实相比呢？意谓秋实要比春花价值高得多。比喻做事情不可浮夸。

驰思于千里，不若跬步之必至。——〔明〕张居正《贺云溪翁汪老先生八十寿序》

【大意】 只是心里向往着奔驰到千里远的地方，不如一步一步地走，这样肯定能够到达。比喻人不能沉心于幻想，而应该脚踏实地，奋发努力。

不务虚名

齐宣王贪名好谀

《汉书·艺文志》《战国策·齐策》

世有因名以得实，亦有因名以失实。宣王好射，说人之谓己能用强也①，其实所用不过三石②。以示左右，左右皆引试之，中关而止③，皆曰："此不下九石，非大王孰能用是？"宣王悦之。宣王之情，所用不过三石，而终身自以为九石，岂不悲哉？三石实也，九石名也。宣王悦其名而丧其实。

居上位，未得其实，以喜其为名者，必以骄奢为行。据慢骄奢④，则凶中之。是故无其实而喜其名者削，无德而望其福者约，无功而受其禄者辱，祸必握⑤。故曰：'矜功不立，虚愿不至。'此皆幸乐其名，华而无其实德者也。

【注释】

①说：通"悦"，喜欢。

②石：古代重量单位，一石合一百二十市斤。

③中关：指弓拉弯一半。关，同"弯"，指拉满弓。

④据慢：即"倨慢"，傲慢无礼。

⑤握：通"渥"，厚重。

【大意】

战国时的齐宣王喜爱射箭，更喜欢别人赞美他善使强弓。他常把自己的弓拿给大臣们观看，大臣们也都拉弓一试，但只把弓拉到一半就都装作拉不动了，并说道："拉开这张弓至少需要九石的大力，除了大王，还有谁能拉得开呢？"齐宣王听罢大喜。实际上，宣王所用的不过是三石的弓，但他却始终以为自己有九石之力。三石的弓是真实的，九石之力则是徒有其名。齐宣王乐于虚名而不顾实际，终生被蒙在鼓里，着实可悲啊！

古语道："图虚名而得实祸。"齐宣王如此喜好虚名，自然引来了许多善于阿谀逢迎的不学无术者，"滥竽充数"的南郭先生也混到他的宫廷之中冒充内行，骗取俸禄。而正派高洁之士，则对齐宣王敬而远之，国家也因而痛失栋梁之才。

一日，齐宣王召见齐国名士颜斶，他因过分在意自己君主的名分，高高在上而不知礼贤下士，最终与这位高人失之交臂。颜斶在辞别齐宣王之前告诫他说："高高在上的统治者，如果不重视士人，不善于运用他们的才能来做些踏踏实实的工作，而只是一味地喜欢弄虚作假、标榜虚名，那他们必将走入骄傲奢侈的歧途。骄傲奢侈，则灾祸必将随之而来。所以，不重实效却只爱虚名的君主，其国土将日益削减，其国力将日益衰弱。这就好比没有德行却希望幸福的，必然处境困窘；没有建立功勋却只图享受俸禄的，必然自取其辱。俗话说：'好名而喜功者，必定不能建立功业；空言而无行者，终究不能实现他的愿望。'这都是爱虚名、好浮夸，无治国爱民实效者的必然下场啊！"

隋文帝注重实政

《资治通鉴·隋纪》

贺若弼撰其所画策上之，谓为《御授平陈七策》。帝弗省[①]，曰："公欲发扬我名，我不求名；公宜自载家传。"……朝野皆请封禅，秋，七月，丙午，诏曰："岂可命一将军除一小国，遐迩注意，便谓太平。以薄德而封名山，用虚言而干上帝[2]，非朕攸闻。而今以后，言及封禅，宜即禁绝。"……乐安公元谐进曰："陛下威德远被，臣前请以突厥可汗为候正[3]，陈叔宝为令史[4]，今可用臣言矣。"帝曰："朕平陈国，本以除逆，非欲夸诞。公之所奏，殊非朕心。突厥不知山川，何能警候；叔宝昏醉，宁堪驱使！"谐默然而退。

【注释】

①省（xǐng）：检查，查看。

②干（gān）：触犯，冒犯。

③候正：官名，是军队中负责谍报侦察的官职。

④令史：隋朝各省、台、府、寺因职务需要而设置的属吏。

【大意】

隋文帝杨坚，公元581—604年在位，他建立了隋朝基业，并开创了历史上著名的"开皇之治"。杨坚在位时注意吸取前朝教训，不务虚名，推行实政。他的一些执政思想和做法对后世影响深远，至今仍值得借鉴。

开皇九年（589），隋朝的开国元勋贺若弼将自己对隋朝灭陈所提出的一系列计策加以总结，并撰写成文，冠之以《御授平陈七策》的题目献给隋文帝——明明是贺若弼自己的理论成果，却故意说成是隋文帝杨坚的思想，自己甘当一个"整理者"的角色，贺若弼对隋文帝的奉承之意不言而喻。没想到杨坚对这篇文章看也不看，随即对贺若弼说："你想为我扬名，也算是尽了臣子之义，可我并不想追求虚名，你还是把它记载到你自己的家史中去吧。"隋文帝这席话让贺若弼的马屁没有拍成。

隋文帝灭陈，统一了天下，结束了持续几百年的分裂局面，功绩非同一般。于是，朝野上下纷纷请求隋文帝去泰山举行封禅大典，这可是一项劳民伤财的活动。面对群臣的反复谆请，隋文帝下了一道诏书："怎么可以只因为我灭掉一个小国，就引起远近的注意，就说成天下太平了呢？以这点微薄的德行去封禅泰山，用虚言来祭告上天，这不是我想听到的建议。今后谁都不能再提这种事了。”

不久，乐安公元谐又进言道：“陛下的威德流播远方，我以前曾建议您任用突厥可汗为候正，陈朝的废帝陈叔宝为令史，现在天下已定，希望您可以采纳我的建议。”隋文帝说：“我灭陈是为了除去叛逆，并不是为了向世人夸耀功绩而争得虚名。你说的根本不合我意。况且突厥可汗不知山川形势，怎么能够侦候报警；陈叔宝昏愦嗜酒，岂能经受驱使？这两个人怎么能胜任那样的工作呢？”元谐听后无言以对。

正是由于隋文帝的不图虚名而注重实政，隋初短短数年，国家便迅速富强了起来。

康熙帝屡拒尊号

《康熙教子庭训格言》《康熙实录》

训曰：吾人凡事惟当以诚，而无务虚名。朕自幼登极，凡祀坛庙、礼神佛，必以诚敬存心。即理事务、对诸大臣，总以实心相待，不务虚名。故朕所行事，一出于真诚，无纤毫虚饰。

戊子，湖广道御史何嘉祐疏言：“天下荡平皆赖皇上一人功德所致，请加上两宫徽号以广圣孝，上皇上尊号以彰功德。”上谕大学士等曰：“加上太皇太后、皇太后徽号，前已有旨。但奏称天下荡平皆朕一人功德所致，则彷徨靡宁耳。前议撤三藩时，令议政王大臣等会议，言不可撤者甚多，言宜撤者甚少，朕决意撤回。乃吴三桂背叛，各处驿骚[①]，兵民困苦。今蒙天地鸿庥[②]，祖宗福庇，数年之内，幸得歼灭贼寇。若再延数年，兵损民困，则朕决意迁撤之举，何以自解耶。此奏无益。”

【注释】

①驿骚：扰动，骚乱。

②鸿庥：敬称尊长的庇荫关怀。

【大意】

清代帝王告诫臣下的诏令、言辞被称为“圣训”。新皇帝登基后，会命史官编纂前任皇帝的圣训，于每日晨读先皇圣训一节，以为施政的座右铭。清朝康熙皇帝曾在圣训中说道：“吾人凡事惟当以诚，而无务虚名。”这绝非康熙帝的自诩之词，而是他在治国理政中时刻遵从的一项准则。

康熙初年，镇守云南的平西王吴三桂、镇守广东的平南王尚可喜、镇守福建的靖南王耿精忠拥兵自重，对朝廷阳奉阴违，形同割据。康熙帝下定决心撤藩，引发了三个藩王的反叛，史称“三藩之乱”。战乱波及十余个省份，对清朝统治构成了极大的威胁。经过八年的战争，康熙帝终于取得胜利。“三藩之乱”被平定后，从亲王、内阁大学士、九卿到詹事、科道等官员，凡是身份和地位具备向皇帝进言资格的，无不争先恐后，纷纷上奏，提出要给康熙帝上尊号。康熙帝说：“天下平定，并非朕一人功德所致，这是上下一心的结果。且这次战争疲于征调，使百姓困苦。若以此为功德而妄上尊号，实为可耻，断不可行。”因而拒绝了上尊号的提议。

两年后，康熙帝统一台湾。群臣称其“神功圣德，超越千古”，又纷纷请上尊号。康熙帝同上次一样予以坚决拒绝。他说：“治理天下之道，但求平易安民而已，何用张扬粉饰？朕但愿以平易之道，图长治久安，不愿烦扰多事。”

此后，在康熙帝平定了准噶尔叛乱，以及他五十、六十、七十寿辰和登基五十、六十周年时，群臣又屡屡请上尊号，但都被康熙帝一一拒绝了。

对于一个乾纲独断的古代君主而言，权力和地位都已臻于巅峰，无以复加，所以“上尊号”便成了扩大政治威望、提高历史地位的重要举措，具有重大的政治象征意义。而康熙皇帝拒绝这类活动，反映了他宽阔的政治胸怀，和“凡事但求实际，不务虚名”的做事风格。正是这种政治胸怀与政治风格，使他在中国历史舞台上扮演了“康乾盛世”开创者的角色。

官箴辑要

立天子以为天下，非立天下以为天子也；立国君以为国，非立国以为君也；立官长以为官，非立官以为长也。——《慎子·内篇》

【大意】 所以拥立天子是为了治理好天下，并不是设置天下来为天子一个人服务；拥立国君是为了治理好国家，并不是建立国家来为国君一个人服务；设置官职是为了更好地履行职责，并不是设置官职来为长官个人享乐。意谓天子、国君、官长的设置是基于治理天下、国家和官府事务的需要，而不是为了满足他们个人的虚荣，因此天子、国君、官长应该履行自己相应的职责。

善为事者，先量其国之大小，估其兵之强弱，故功可成，而名可立也。——《战国策·燕策》

【大意】 善于做事的人，首先会掂量自己国家的大小，再进一步计算自己兵力的强弱，这样，战功就可以建成，名声也就可以树立起来了。说明做事必须要从自己的实际出发，不可贪图虚名，盲目乱干。

建大功于天下者，必先修于闺门之内。垂大名于万世者，必先行于纤微之事。——〔汉〕陆贾《新语·慎微》

【大意】 想为国家建立大功业的人，一定要先在自家之内修养自己；想让名声流传千古的人，一定要先从一些细微的事情做起。说明人能够建功立名，必须要先经过一个修养、锻炼的过程，并且要切实从小事做起，不可一味求名、好大喜功。

举秀才，不知书；察孝廉，父别居。——《乐府诗集·杂歌谣辞·后汉桓灵时谣》

【大意】 推举上来的才学优异的“秀才”，却没有学问；选拔上来的孝顺廉洁的“孝廉”，却让父亲一个人居住。此歌谣讽刺汉代选举制度名不副实，揭露其政治的腐败。

古之人修身以避名，今之人饰己以要誉。——〔宋〕林逋《省心录》

【大意】 古时候的人是修养身心以躲避虚名，当今之世的人则是千方百计地装扮自己以求取名誉。两句话通过鲜明的对比，深刻揭露了当时社会风气的败坏，并呼吁时人放弃虚名，踏实做事。

未闻一语及民生，但言桥圮路不平。未知何以惠边氓，却怪壶浆不远迎。东村淡泊胥吏争，西村更贫难支撑。使君已博劝农名，惟愿及早回双旌。——〔清〕刘廷玑《劝农行》诗

【大意】 没听到一句话谈及百姓生活，满嘴都是抱怨桥梁倒塌、道路不平；没得知究竟如何给百姓以好处，反而听到怪罪百姓不携带物品高接远迎。东边村子的百姓生活已经很艰难，而胥吏还在为了一点利益而争夺；西边村子更加贫苦，百姓已很难度日了。地方长官们，你们已经博取了“劝农”的美名，只愿你们及早离开这里。八句诗对当时地方官不理会民间疾苦，只是博取“劝农”虚名的现象做了深刻的揭露和讽刺。

选人用人

依法选人得真才

《管子·明法解》

明主之择贤人也，言勇者试之以军，言智者试之以官。试于军而有功者则举之，试于官而事治者则用之。故以战功之事定勇怯，以官职之治定愚智；故勇怯愚智之见也，如白黑之分。乱主则不然，听言而不试，故妄言者得用；任人而不官，故不肖者不困。故明主以法案其言而求其实，以官任其身而课其功，专任法不自举焉。故《明法》曰：“先王之治国也，使法择人，不自举也。”

【大意】

贤明的君主选拔贤才，对于号称有勇的人，就将他放到军队中去考察；对于号称有智的人，就将他安排到一个职位中去考察。在军队里有了战功就提拔他，在官府里干得好就任用他。这是用战功的事实来判定勇怯，用任官的治绩来鉴定愚智，如此，勇敢还是怯懦，愚笨还是贤智，就像黑白一样分明了。昏君则不然，他们一味听信别人所言而不加考察，所以那些吹牛、说假话的人也得到举用；他们任命官职前不加试用，所以无才无德的人也轻而易举地当上了官。因此，英明的君主依法验证人们的言论以求其实际，让其担任官职以考察其业绩，专靠法度取人而不搞个人举荐。所以，《明法篇》说：“先王治国，用法度录取人才，不搞个人举荐。”

【点评】

欲成大业，必选贤才辅佐，这已成为历代有远见、成大事者的共识。然而，如何选才招贤，不同的人则有着不同的看法和标准。在管子看来，选人不应仅凭他人的举荐而定，而是要在实践中进行考察，以此判定此人的“勇怯愚智”。无独有偶，有“亚圣”之称的孟子也提出了类似的观点，孟子说：“左右皆曰贤，未可也；诸大夫皆曰贤，未可也；国人皆曰贤，然后察之；见贤焉，然后用之。”由此可见，在先秦时期，“广泛听取意见，然后再加以考察”已成为发现、选拔贤才的重要方法。时至今日，这种选才之“法”仍有着借鉴意义。

诸葛亮识才荐蒋琬

《三国志·蜀书·蒋琬传》

（诸葛）亮数外出，琬常足食足兵以相供给。亮每言：“公琰讬志忠雅①，当与吾共赞王业者也。”密表后主曰②：“臣若不幸，后事宜以付琬。”

亮卒，以琬为尚书令③，俄而加行都护④，假节⑤，领益州刺史，迁大将军，录尚书事⑥，封安阳亭侯。时新丧元帅，远近危悚。琬出类拔萃，处群僚之右，既无戚容，又无喜色，神守举止，有如平日，由是众望渐服。

【注释】

① 公琰：蒋琬，字公琰。

② 后主：即刘禅，刘备之子，三国时期蜀汉第二位皇帝，公元 223—263 年在位。公元 263 年蜀汉被曹魏所灭，刘禅投降曹魏，被封为安乐公。

③ 尚书令：官名，总典纲纪，职权极重。

④ 行都护：职权如大都督，总领内外诸军事。

⑤ 假节：暂授以符节。魏晋时期，中央或地方军政长官，往往加假节、持节、使持节等名号，以表示其权力的大小。三者中，假节为下，只有杀犯军令者的权力。

⑥ 录尚书事：官名。两汉时期，随着尚书职权的扩大，掌管枢要的大臣，加领尚书事，则职权更大，无所不统。三国因之。

【大意】

诸葛亮每次率军出征，常责成蒋琬负责军队后勤给养工作，蒋琬能将充足的武器和粮草及时运送到前线。诸葛亮一提到蒋琬总说："公琰对国家一片忠心，又有恢宏的气度和志向，是和我一起共同完成统一大业的人才。"诸葛亮还向后主刘禅密奏说："我一旦去世，可由蒋琬来完成未竟的事业。"

诸葛亮死后，刘禅任命蒋琬为尚书令，不久又增加行都护之职，假节，领益州刺史，后又升迁为大将军，领尚书事，封为安阳亭侯。当时，诸葛亮刚刚去世，举国上下都感到不安，只有蒋琬有超出常人的表现，他身为百官之长，处变不惊，既无愁容，也无喜色，神态和举止与往常一样，满朝文武由此对他日益信服。

【点评】

蒋琬在蜀汉的仕途，全凭丞相诸葛亮的赏识与提拔。诸葛亮死后，蒋琬总揽了蜀汉军政，忠心辅佐后主。他明察善断，循法治国，使群臣悦服，乐于效命；他还采取闭关息民政策，使国力大增。这让我们不得不佩服诸葛亮的识才眼光。其实，在选拔任用人才方面，诸葛亮早有一套自己的方法，他在《知人》中提出了七项识人法，即"问之以是非而观其志；穷之以辞辩而观其变；咨之以计谋而观其识；告之以祸难而观其勇；醉之以酒而观其性；临之以利而观其廉；期之以事而观其信"。在诸葛亮心中，能符合这七项的或许仅有蒋琬一人，于是才有了"臣若不幸，后事宜以付琬"的密奏。事实证明，诸葛亮的七项"知人之道"抓住了识人的要义。

官箴辑要

太山不让土壤，故能成其大；河海不择细流，故能就其深。——《史记·李斯列传》

【大意】 泰山不舍弃微小的土块，所以能成为高不可攀的大山；河海不拒绝细小的水流，所以能成为深不可测的大河大海。喻指领导者只有广纳贤才，才能成就伟大的事业。

人主之患，不在乎言不用贤，而在乎诚不用贤。——〔汉〕徐幹《中论·亡国》

【大意】 君主的灾难，不在于他口头上说不任用贤才，而在于他行动上确实不任用贤才。

非成业难，得贤难；非得贤难，用之难；非用之难，任之难。——《三国志·吴书·钟离牧传》注引《会稽典录》

【大意】 成就功业并不难，难的是得到贤才；得到贤才并不难，难的是使用贤才；使用贤才并不难，难的是大胆地放手让他们做事。

天下之政，非贤不理；天下之业，非贤不成。——〔唐〕陈子昂《重任贤科》

【大意】 国家大政，没有贤才就得不到治理；天下大事，没有贤才就不能够成功。

力弱者勿任其厚负，才卑者勿尸其隆位。——〔宋〕黄晞《聱隅子·三王篇》

【大意】 力气小的人不要让他背很多的东西，才能低下的人不要让他徒占高位。意谓要以才能大小选用人，才高则职位高，才低则职位低。

用人之道，当自其壮年心力精强时用之，若拘以资格，则往往至于耄老，此不思之甚也。——《金史·世宗纪》

【大意】 选用人才，应当注意在他年富力强的时候起用，如果拘泥于资格、资历，则往往使人到了老态龙钟的时候才获得任用，这是缺乏长远考虑的不当做法。

千尺之松，不蔽其根者，独立无辅也；森木之林，鸟兽群聚者，众林咸济也。——〔元〕揭傒斯《与尚书右丞书》

【大意】 高达千尺的长松，之所以不能遮蔽自己的根部，是因为它孑然而立，没有辅株；树木茂密的森林，之所以鸟兽成群，是因为各种大树一起出力的结果。喻指刚愎自用是无济于事的，只有利用众多贤才的智慧和力量，才会大有作为。

官员考核

古代如何考核官员

听官府之六计，弊群吏之治：一曰廉善，二曰廉能，三曰廉敬，四曰廉正，五曰廉法，六曰廉辨。（选自《周礼·天官·小宰》）

吏有五善：一曰中（忠）信敬上，二曰精（清）廉毋谤，三曰举事审当，四曰喜为善行，五曰龚（恭）敬多让。吏有五失：一曰夸以泄，二曰贵以大（泰）……（选自《睡虎地秦简·为吏之道》）

（京）房奏考功课吏法。（选自《汉书·京房传》）

（苏绰）为六条诏书。其一先修心，其二敦教化，其三尽地利，其四擢贤良，其五恤狱讼，其六均赋役。（选自《北史·苏绰传》）

吏部考课之法有四善：一曰德义有闻，二曰清慎明著，三曰公平可称，四曰恪勤匪懈。善状之外，有二十七最……（选自《唐六典·吏部考功郎中》）

真宗即位……景德初，令诸道辨察所部官吏能否，为三等：公勤廉干惠及民者为上，干事而无廉誉、清白而无治声者为次，畏懦贪猥为下。（选自《宋史·选举志六》）

考满、考察，二者相辅而行。考满，论一身所历之俸，其目有三：曰称职，曰平常，曰不称职。考察，通天下内外官计之，其目有八：曰贪，曰酷，曰浮躁，曰不及，曰老，曰病，曰罢，曰不谨。……计处者，不复叙用，定为永制。(《明史·选举志三》)

京察以子卯午酉岁，部院司员由长官考覈，校以四格，悬“才、守、政、年”为鹄。(选自《清史稿·选举志六》)

大计八法，贪、酷并在逃者革职提问，疲软无为、素行不谨者革职，年老、有病者勒令休致，才力不及、浮躁者照事迹轻重酌量降补。〔选自《大清会典事例》(光绪朝)卷八十〕

【大意】

据史籍记载，中国古代黄帝时设置了百官，尧、舜时就有了对官员的考核。

西周时期，提出了“六计”的考核办法，即考察官员的德行是否优，办事能力是否强，是否忠于职守，是否公平公正，是否遵纪守法，是否明辨是非。

秦汉时期，考核制度有了进一步发展。秦代确定了“五善五失”考核法。“五善”指的是：尊敬上司，廉洁奉公，办事谨慎妥当，多做利国利民的好事，凡事谦虚礼让。“五失”内容较多，概括起来主要有：夸夸其谈、好唱高调而不务实际；喜欢自我吹嘘而不实事求是；知行不一，说一套做一套，等等。汉朝非常重视官吏的考核，西汉初年即制定了《上计律》，元帝时专门出台了“考功课吏法”，规定：令、丞、尉治一县，崇教化无犯法者，都给以升迁；有盗贼，满三日未发觉，则由县尉承担责任；如县令发现并亲自除盗贼，则县丞、县尉要负其罪。

魏晋南北朝，虽是分裂动荡时期，但统治者对官员的考核却没有停止。北周时以“六条诏书”考核官员，分别是：身心修养、敦崇教化、发展生产、举荐人才、执法公平、合理征收赋税。这是第一次注意到了官吏的身心修养与社会精神敦化的关系。

到了唐朝，官员考核实现了制度化、法律化，最著名的是“四善二十七最”。“四善”偏重思想品德和工作作风，包括：道德高尚、清廉谨慎、办事公平、工作勤勉。“二十七最”是区分不同职务所定，偏重行政能力和绩效。例如，负责选拔的官员要对所选之人有充分的了解，确保其德才均备；负责执法的官员要弄清事实真相，做出公正的裁决，等等。

宋代的考核大体沿袭唐朝。真宗时，将官员的考核标准分为三等：公正、勤勉、廉洁、干练，且做事让人民受益，为上；虽然做了事但不廉洁，虽然不贪但没有做值得称道的事，为次；办事胆怯软弱且贪婪，为下。

明代官员考核，以考满、考察并行。“考满”是以年限考察官员任期内工作情况，分称职、平常、不称职三种。“考察”的目的是区分官吏优劣，重在惩黜不法官吏。考满所罢免之官，尚可起复；考察所罢免之官，永不复用。

清代官员考核分中央政府官员考察（京察）和地方官员考察（大计）。考察依据是“四格八法”，“四格”包括为政才能、操守、态度及身体条件。“八法”则是针对考绩不合格的八种情况，予以八种行政或法律处置。

吴履勤政爱民得升迁

《明史·循吏列传》

吴履……少受业于闻人梦吉[①]，通《春秋》诸史。李文忠镇浙东[②]，聘为郡学正[③]。久之，举于朝，授南康丞[④]。南康俗悍，谓丞儒也，易之。居数月，摘发奸伏如老狱吏，则皆大惊，相率敛迹。履乃改崇宽大，与民休息。知县周以中巡视田野，为部民所詈。捕之不获，怒，尽絷其乡邻。履阅狱问故，立释之，乃白以中。以中益怒，曰："丞慢我。"履曰："犯公者，一人耳，其邻何罪？今絷者众，而捕未已，急且有变，奈何？"以中意乃解。邑有淫祠，每祀辄有蛇出户，民指为神。履缚巫责之，沉神像于江，淫祠遂绝。为丞六年，百姓爱之。迁安化知县。

【注释】

①闻人梦吉：元末著名学者。

②李文忠：明朝开国名将。

③学正：国子监或地方州学掌管教育的官员。

④丞：此处指县丞，为知县的辅佐官。

【大意】

明朝初建之时，鉴于元末政治昏暗的乱象，明太祖朱元璋对官场的不良风气做出了严厉且近乎苛刻的整顿，一时形成了除旧布新的气象，也涌现出了不少勤政爱民的官员。他们为民请命，开导民智，施惠于一方百姓，为明代初年社会的稳定起到了极为重要的作用。

吴履是一位出身于基层的官吏，他先是作为郡学正，后来被任命为南康县的县丞。县丞是知县的下属，辅佐知县治理地方，因此被县衙中的其他人员称为"二老爷"。

南康这个地方民风彪悍，当地人认为吴履不过是一介书生，所以对他十分轻视。但没有想到，吴履上任数月后，惩办奸邪、审理案件如同老练的狱吏一般，百姓无不惊叹他的办事能力，于是纷纷收敛形迹，不敢再放肆了。

此后，吴履适时地改变了自己的做事风格，对地方的施政尽量宽大，使百姓能够休养生息，不误农时。有一次，知县周以中在乡村间巡查，突然听到有人对他的谩骂，周以中立刻派随行人去捉拿，却一无所获。周以中勃然大怒，下令把附近的乡民全部抓进狱中。吴履在视察监狱时，了解到这一情况，立刻下令把这些人全都放掉，然后亲自去向周以中汇报。周以中听后大为不满："县丞这不是轻慢于我吗？"吴履安抚道："大人，冒犯您的只是一个人，他的乡邻有何罪过呢？现在您已经抓了很多百姓，而逮捕还没有停止，如果再这样下去的话，激起民变，怎么办呢？"周以中听后，按捺住心中的怨愤，而吴履这样一番劝解，也使许多百姓免遭无谓的牢狱之灾。

后来，吴履又发现当地有滥建的祠庙，每次祭祀都有蛇从门中爬出，百姓认为这是神灵，家家户户都贡献财货来祭祀。吴履把主持祠庙的巫师抓了起来，还把祠庙中的神像投入江水之中。这样一来，当地这些滥建的祠庙便被禁绝了。

吴履在南康县做了六年的县丞，勤政爱民，受到了人民的极大爱戴，于是被升迁为安化知县。

陈廷敬提拔清廉之臣

《清史稿·陈廷敬传》

疏言："方今要务，首在督抚得人。为督抚者，不以利欲动其心，然后能正身以董吏。吏不以曲事上官为心，然后能加意于民；民可徐得其养，养立而后教行。宜饬督抚凡保荐州县吏，必具列无加派火耗①，无黩货词讼②，无朘削富民③。……而皇上考察督抚，则以洁己教吏，吏得一心养民教民为称职，庶几大法而小廉。"

上御门召九卿举廉吏④，诸臣各有所举，语未竟，上特问廷敬，廷敬奏："知县陆陇其、邵嗣尧皆清官，虽治状不同，其廉则一也。"乃皆擢御史⑤。始廷敬尝亟称两人，或谓曰："两人廉而刚，刚易折，且多怨，恐及公。"廷敬曰："果贤欤，虽折且怨，庸何伤？"

【注释】

①火耗：起于明万历年间。当时，张居正推行"一条鞭法"，赋税一律

征银，百姓交的碎银须熔化重铸为银锭，这一过程就有了损耗，称为火耗。火耗均由百姓承担，于是就有了官吏多征、中饱私囊的行为。

② 黩货：贪污纳贿。词讼：即诉讼。

③ 朘削：剥削、盘剥。

④ 上：此处指康熙皇帝。御门：御门听政是帝王处理政务的一种形式，因是在清晨故又称早朝。清朝入关后，先在太和门听政，康熙时改在乾清门。

⑤御史：明清专设监察御史，隶属都察院，负责监督中央及地方官吏。

【大意】

在清朝名臣中，康熙时期的陈廷敬政绩不凡。他先后任职于礼部、吏部、户部、刑部等重要部门。

针对督抚这样封疆大吏的考核和地方官员的举荐，陈廷敬曾上疏康熙皇帝，说：当今首要之事在于总督巡抚的人选要合格。他们应该不为利欲所动，使自己身正，然后才能管好下属。如此，下属也不会整日想着如何巴结上司，而会留心为民办事。他还建议，应给督抚下一通令，凡保荐州府县官，必须考察他们有没有加派火耗、贪污受贿、搜刮百姓等不法行为。对于总督巡抚的考察，则要看他是不是廉洁奉公，为群吏做出了榜样。

有一次，康熙皇帝让陈廷敬为朝廷举荐廉洁干练的官员。陈廷敬答道：“灵寿知县陆陇其、清苑知县邵嗣尧都是清廉的好官，虽然他们治理地方的方式不尽相同，但是他们为政清廉的作风却是一样的。”皇帝听从了陈廷敬的建议，将此二人都提拔为御史。

早先，陈廷敬在许多场合都曾经赞赏过陆陇其和邵嗣尧。于是，便有人对他说：“这两个人虽然清廉，但性格刚直，容易受到摧折，也容易与人结怨。将来，许多人都会埋怨您举荐了他们啊！”陈廷敬却并不以为然，他说：“只要这两个人清廉贤德，那么即使与人结怨，又有什么关系呢？”

附

古人论为官

孔子论为官

孔子（前551—前479），名丘，字仲尼，春秋时期鲁国（今山东曲阜）人，我国著名的哲学家、思想家、政治家与教育家，儒家学派创始人。

孔子自幼研习礼乐，长于射御，30岁时已成为颇有名望的学者，并在鲁国收徒授业，开创私人办学之先河。除钻研学问和培养弟子外，孔子还精于政务，先后担任过鲁国的中都宰、司空、大司寇等要职，并曾摄行相事。后因形势所迫而弃官离鲁，带领弟子周游列国，历时长达14年。

孔子从政时间不长，却颇有政治建树，他在整理、总结前人历史遗产的同时，创立了一套体系完备的政治思想，对后世影响深远。孔子有关施政、为官的言论，多载于《论语》《孔子家语》等著作。

子谓子产有君子之道四焉："其行己也恭，其事上也敬，其养民也惠，其使民也义。"（《论语·公冶长》）

【大意】 孔子认为子产（姓公孙，名侨，字子产，春秋时郑国的贤相）有君子的四种品德："他行为庄重，事奉君主恭敬，养护百姓有恩惠，役使百姓有法度。"

【简评】 君子之道一定程度上就是为政之道。子产正确对待自己、对待国君、对待百姓的处事风格，正是孔子宣扬的"为政以德"的具体表现。

不患无位，患所以立；不患莫己知，求为可知也。（《论语·里仁》）

【大意】不要担心没有职位，应该担心没有胜任职位的本领；不要担心没有人了解自己，只求自己成为值得别人了解的人。

【简评】这是孔子经常对学生谈论的问题，也是他立身处世的基本态度—从政者不应只求身居要职，而应首先立足于自身学识、修养和才能的培养，具备足以胜任职位的素质。

多闻阙疑，慎言其余，则寡尤；多见阙殆，慎行其余，则寡悔。（《论语·为政》）

【大意】多听别人的意见，把有疑惑的问题先放在一边，其余自己有把握的事情，也要谨慎小心地说出来，这样就能减少过失；多看别人的做法，有疑惑不清的地方暂时搁下，其余自己有把握的事情，也要谨慎小心地去做，这样就能减少后悔。

【简评】谨言慎行，说有把握的话，做有把握的事，这样不仅可以减少失误和悔恨，更是一个对国家、对社会、对个人负责任的态度。

居之无倦，行之以忠。（《论语·颜渊》）

【大意】居于官位不要懈怠，实施政令要出于忠心。

【简评】这句话反映了孔子勤政爱民的理念。坚守职位、爱岗敬业、勤勉尽责、忠于职守，不仅是一种孜孜以求、坚持不懈的敬业精神，更是一种乐以忘忧、乐此不疲的人生境界。

“政”者，正也。子帅以正，孰敢不正？（《论语·颜渊》）

【大意】“政”这个字的意思就是端正。自己带头端正了，谁还敢不端正呢？

【简评】 做人为官，首重一个“正”字。“其身正，不令而行；其身不正，虽令不从”讲的就是这个道理。

无欲速，无见小利。欲速则不达，见小利则大事不成。（《论语·子路》）

【大意】 不要贪求速度快，不要贪求小利。求快反而达不到目的，贪小利就做不成大事。

【简评】 “欲速则不达”，做人做事都不可急功近利，亦不能贪图小利。平心静气，踏实沉稳，循序渐进，才是成就事业、实现理想的正途。

君子莅民，不可以不知民之性而达诸民之情，既知其性，又习其情，然后民乃从其命矣。故世举则民亲之，政均则民无怨。（《孔子家语·入官》）

【大意】 君子统治民众，不可不了解民性，进而熟悉民情。已经知道了民性，而又熟悉了民情，然后民众才能服从你的管理。国家安定，民众就会爱戴国君，政策公平合理，民众就没有怨言。

【简评】 充分地了解民情，倾听民声，反映民意，是一个国家赢得百姓赞誉和支持的前提。

子张问于孔子曰：“何如斯可以从政矣？”子曰：“尊五美，屏四恶，斯可以从政矣。”子张曰：“何谓五美？”子曰：“君子惠而不费，劳而不怨，欲而不贪，泰而不骄，威而不猛。”……子张曰：“何谓四恶？”子曰：“不教而杀谓之虐，不戒视成谓之暴，慢令致期谓之贼，犹之与人也，出纳之吝谓之有司。”（《论语·尧曰》）

【大意】 孔子的弟子子张问孔子说：“怎样才可以从政呢？”孔子说：“尊崇五种美德，排除四种恶政，这样就可以从政了。”子张问：“五种美德是什么？”孔子回答：“君子要施惠于民而自己却无所耗费，使百姓劳作而不使他们怨恨，要追求仁德而不贪图财利，庄重而不傲慢，威严而不凶猛。”……子张又问：“那么什么叫四种恶政呢？”孔子回答：“不经教化便加以杀戮叫作虐，不加告诫便要求成功叫作暴，不加监督而突然限期叫作贼，同样是给人财物，却锱铢必较，叫作刻板冷漠的官僚作派。”

【简评】“五美四恶”是孔子政治主张的要点，其中所体现的以民为本、服务大众、依法施政、杜绝官僚作风等思想，时至今日仍有借鉴意义。

孟子论为官

孟子（前372—前289），名轲，邹国（今山东邹县）人，中国古代著名的思想家、教育家，儒家学派代表人物。

孟子原为鲁国贵族孟孙氏后裔，后因家族衰落，其先辈迁居至邹国。孟子幼年丧父，全赖母亲艰辛抚育。孟母的严格教养，使孟子一心向学。他在十五六岁时受业于子思的门人，三十多岁便学有所成，在邹、鲁一带聚徒讲学，门生达数百人。孟子曾效法孔子，带领门徒周游列国，这期间他游说齐宣王、梁惠王等诸侯，但其政治主张多不被接受，于是退隐家乡，著书兴学，有《孟子》七篇传世。

孟子主张德治，提出了“仁政”“王道”等政治思想。他继承并发扬了孔子的学说，成为仅次于孔子的一代儒家宗师，被后世尊称为“亚圣”。

离娄之明、公输子之巧，不以规矩，不能成方圆；师旷之聪，不以六律，不能正五音；尧舜之道，不以仁政，不能平治天下。（《孟子·离娄上》）

【大意】 即使有离娄（相传为黄帝时人，能于百步之外望见秋毫之末）那样好的视力，公输般（又称鲁班，春秋时著名的巧匠）那样好的技巧，如果不用圆规和曲尺，也不能准确地画出方形和圆形；即使有师旷（春秋时晋国乐师）那样好的辨音能力，如果不用六律，也不能校正五音；即使有尧舜的学说，如果不实施仁政，也不能治理好天下。

【简评】 孟子从孔子的“仁学”思想出发，将其扩充发展成包括思想、政治、经济、文化等各个方面的施政纲领，就是“仁政”。“仁政”强调“以民为本”“为政以德”，这一思想对后世产生了很大影响，直到今天仍有借鉴意义。

子产听郑国之政，以其乘舆济人于溱、洧。孟子曰：“惠而不知为政。岁十一月，徒杠成；十二月，舆梁成，民未病涉也。君子平其政，行辟人可也，焉得人人而济之？故为政者，每人而悦之，日亦不足矣。”（《孟子·离娄下》）

【大意】 子产主持郑国的政事时，曾经用自己所乘的车去帮助别人渡过溱水和洧水。孟子评论这件事说：“这是小恩小惠的行为，他并不懂得如何从政。如果他十一月修成走人的桥，十二月修成过车马的桥，老百姓就不会为渡河而发愁了。在上位的人只要把政事治理好，就是出门鸣锣开道都可以，怎么能够一个一个地去帮助百姓渡河呢？如果执政的人要一个一个地讨人欢心，那时间可就太不够用了。”

【简评】 诸葛亮说：“治世以大德，不以小惠。”这与孟子的思想正相符合。从政者当以大局为重，与其事必躬亲地解决一桩桩小问题，不如利用好手中的权力，一劳永逸地解决大问题，使百姓再无后顾之忧。

有天爵者，有人爵者。仁义忠信，乐善不倦，此天爵也；公卿大夫，此人爵也。古之人修其天爵，而人爵从之。今之人修其天爵，以要人爵；既得人爵，而弃其天爵，则惑之甚者也，终亦必亡而已矣。（《孟子·告子上》）

【大意】有自然的爵位，有人授的爵位。仁义忠信，不疲倦地乐善好施，这是自然的爵位；公卿大夫，这是人授的爵位。古代的人修养自然的爵位，水到渠成地获得人授的爵位。现在的人修养自然的爵位，其目的是要得到人授的爵位；一旦得到人授的爵位，便抛弃了自然的爵位，这可真是太糊涂了，最终连人授的爵位也必定会失去的。

【简评】所谓天爵，就是高尚的品德；所谓人爵，就是高级的官职。在孟子看来，天爵和人爵的和谐统一是最理想的状态。当一个人有很高的道德修养，又有适合的官职，就会给国家和人民带来福祉。相反，如果得人爵，而弃天爵，官升了，道德良知、党纪国法、公德心没有了，则“终亦必亡而已矣”。

君子不亮，恶乎执？（《孟子·告子下》）

【大意】君子如果不讲信用，怎么能够有操守呢？

【简评】诚实守信是中华民族的传统美德，也是做人最基本的素质要求。

尊德乐义，则可以嚣嚣矣。故士穷不失义，达不离道。穷不失义，故士得己焉；达不离道，故民不失望焉。古之人，得志，泽加于民；不得志，修身见于世。穷则独善其身，达则兼善天下。（《孟子·尽心上》）

【大意】尊崇道德，喜爱仁义，就可以自得其乐了。所以，士人穷困时不失去仁义，显达时不背离道德。穷困时不失去仁义，所以安详自得；显达时不背离道德，所以百姓不会失望。古时的人，得志，施恩于百姓；不得志，修养自己的品德，以此表现于世人。穷困时独善其身，显达时兼善天下。

【简评】“穷则独善其身，达则兼善天下”已成为两千多年来中国人立身处世的座右铭。穷达都是身外事，只有道义是根本。无论穷与达，只要严保道德操守，如此则会安详自得而不至迷失。

诸侯之宝三：土地、人民、政事。宝珠玉者，殃必及身。（《孟子·尽心下》）

【大意】诸侯的宝贝有三样：土地、人民和政事。凡是以珍珠美玉为宝贝的，必定会为自己带来灾祸。

【简评】百姓玩物丧志，诸侯玩物丧国，历史的经验值得汲取。为官从政，贪财好色乃是大忌。

管仲论为官

管仲（前719—前645），姬姓，管氏，名夷吾，字仲，颍上（今安徽颍上县）人，春秋时期著名的思想家、政治家、军事家与改革家，法家代表人物，被誉为“法家先驱”“圣人之师”“华夏第一相”。

管仲少时丧父，生活贫苦，很早便挑起家庭重担。他曾先后经商、从军，后来几经辗转，经同乡好友鲍叔牙力荐，成为齐国上卿。管仲在国内大兴改革，使齐国迅速发展，国力日盛，并最终使齐桓公“九合诸侯，一匡天下”，成为春秋时期第一位霸主。

托管仲之名而成的《管子》一书，虽为后人编撰，但其中记载了大量管仲的言行，体现了他的主要哲学思想和政治主张。

先王之治国也，不淫意于法之外，不为惠于法之内也。动无非法者，所以禁过而外私也。（《管子·明法》）

【大意】先王治理国家，既不在法度之外花费心思，也不在法度之内私行恩惠。任何行动都不离开法度，就是为了避免罪过以及排除徇私舞弊的情况。

【简评】 管子最早提出了“以法治国”的主张，并反复阐述法治的深刻意义和作用。他的法治思想，至今仍有重要的启示作用。

政之所兴，在顺民心；政之所废，在逆民心。(《管子 · 牧民》)

【大意】 政令之所以能推行，在于它顺应了民心；政令之所以会废弛，在于它违背了民心。

【简评】 自古得民心者得天下，民心决定着国家的兴亡与政权的兴衰。

一年之计，莫如树谷；十年之计，莫如树木；终身之计，莫如树人。一树一获者，谷也；一树十获者，木也；一树百获者，人也。我苟种之，如神用之。(《管子 · 权修》)

【大意】 若作一年的打算，最好是种植五谷；若作十年的打算，最好是种植树木；若作终身的打算，最好是培育人才。种谷，是一种一收；种树，是一种十收；培育人才，则是一种百收的事情。如果我们注重培养人才，其效用将是神奇的。

【简评】“十年树木，百年树人”即来源于此。所谓“树人”即培养人才。时代不同，“树人”的标准也有所不同。就当代而言，应该围绕国家富强、民族复兴和人民幸福的“中国梦”，培养道德高尚、人格独立、身心健康、理想信念坚定、全面发展的新时代人才。

善气迎人，亲如弟兄；恶气迎人，害于戈兵。(《管子 · 心术》)

【大意】 和颜悦色、善意待人，就会使人们亲如兄弟；恶声恶气、粗暴待人，比使用兵器更加伤人。

【简评】 人与人之间平等相待、和气相迎、团结互助的工作环境和生活氛围，是工作进步、生活舒心、事业发展的前提和保障。

务为不久，盖虚不长。(《管子·小称》)

【大意】 弄虚作假，用不了多久就会被识破；遮盖虚假的事情，用不了多久就会被揭发出来。

【简评】 反对弄虚作假，弘扬实事求是之风，是党之所求、国之所需、民之所盼。

事者，生于虑，成于务，失于傲。(《管子·乘马》)

【大意】 各项事业都产生于周详的思虑，因为辛勤努力而获得成功，因为骄奢放纵而失败。

【简评】“生于虑”，就是要未雨绸缪，周密考虑和精心安排各项工作。“成于务”，就是要把各项政策措施落到实处。“失于傲”，就是说形势越好，越要保持清醒头脑，增强忧患意识。

海不辞水，故能成其大；山不辞土石，故能成其高；明主不厌人，故能成其众；士不厌学，故能成其圣。(《管子·形势解》)

【大意】 大海不拒绝涓涓细流，最终成就了自己的浩瀚无际；高山不拒绝一土一石，最终成就了自己的高耸入云；英明的君主不嫌弃百姓，最终能得到民众的拥护；士人求学孜孜不倦，最终成为知识渊博德行高尚的人。

【简评】 秦国丞相李斯在《谏逐客书》中也表达了相同的思想：“太山不让土壤，故能成其大；河海不择细流，故能就其深；王者不却众庶，故能明其德。”自古以来，有大学问、能成大器者，无不具备虚怀若谷、勤学不倦、博采众长、兼收并蓄的品德。

圣人能辅时，不能违时。智者善谋，不如当时。（《管子·霸言》）

【大意】 圣人善于捕捉时机，而不与其擦肩而过。智者即便善于谋事，也不如能抓住时机。

【简评】 机遇无处不在，如何抢抓机遇，推进事业进一步发展，关键在于我们是否具有强烈的机遇意识。

董仲舒论为官

董仲舒（前179—前104），广川（今河北枣强县、景县）人，西汉著名的哲学家、思想家、教育家，今文经学创始人，承上启下的儒学宗师。

董仲舒自幼聪颖、勤奋好学，以至学通五经、义兼百家。汉景帝时任博士，开堂讲学、广授弟子。汉武帝下诏征求治国方略，董仲舒提出了“天人感应”“大一统”学说和“罢黜百家，独尊儒术”的主张，以及兴太学、重选举等建议，对汉代政治、文化建设起了重要的作用。

董仲舒一生著述颇丰，流传下来的有《春秋繁露》和《汉书·董仲舒传》中的《举贤良对策》。

毋以日月有功，实试贤能为上，量材而授官，录德而定位，则廉耻殊路，贤不肖异处矣。（《汉书·董仲舒传》）

【大意】 授人以官时，不要根据当官时间的长短，而应该根据每个人在实际工作中表现出的德行和才能来任职，量度他的才能授予他官职，根据他的德行决定他的位置。如此，就能做到清廉者与无耻之徒不同路，贤能者与不肖之徒不会混在一起。

【简评】 选人用人导向犹如风向标，有什么样的考核标准，官员就会朝什么样的方向去努力。董仲舒认为，选官不应论资排辈，而应注重才德，这样才能有助于裁汰庸官，净化官场环境。

天之生民，非为王也，而天立王以为民也。故其德足以安乐民者，天予之；其恶足以贼害民者，天夺之。（《春秋繁露·尧舜不擅移汤武不专杀》）

【大意】 上天生养百姓，并不是为了君主，但上天设置君主，却是为了百姓。所以，德行足以使百姓生活安乐的，上天就会赋予他君主的位子；恶行足以伤害百姓的，上天就会将他君主的位子夺去。

【简评】“伸天仁民”是董仲舒政治思想的特色，他强调民本，较早地提出了关注民生、执政为民的主张。坚持民本理念，增强为民意识，永葆公仆本色，是现代从政者应有的执政理念。

有功者赏，有罪者罚，功盛者赏显，罪多者罚重。不能致功，虽有贤名，不予之赏；官职不废，虽有愚名，不加之罚。赏罚用于实，不用于名。（《春秋繁露·考功名》）

【大意】 有功劳的人要奖赏，有罪过的人要处罚，功劳大的奖赏多，罪过大的处罚重。对不能建立功勋的人，即使有贤能的名声，也不应该对他进行赏赐；对尽职尽责的人，即使有为人愚钝之名，也不应该对他进行处罚。也就是说，赏罚的施行要依据为政处事的实效，而不能只根据他的名声。

【简评】 奖功惩过、赏罚分明，是公平公正、实事求是的体现。通过赏功罚过可以树立典型、弘扬正气，鼓励先进者再接再厉，敦促后进者见贤思齐，从而营造履职尽责、务实创新的政治氛围。

君民者，贵孝悌而好仁义，重仁廉而轻财利。躬亲职此于上，而万民听生善于下矣。(《春秋繁露·为人者天》)

【大意】 管理百姓的人，要以孝悌为贵并讲求礼仪，要重视仁爱廉洁而轻视财货私利。为官者如果切实做到了上面几点，则百姓就会听从官吏并多行善举。

【简评】 为官者的道德人格对社会廉洁清明的风气以及和谐安定的局面有着重要影响，因此要“自厚其德”，注重加强道德修养，并贯彻到实际行动中去。

今临政而愿治七十余岁矣，不如退而更化；更化则可善治，善治则灾害日去，福禄日来。诗云：“宜民宜人，受禄于天。”为政而宜于民者，固当受禄于天。(《汉书·董仲舒传》)

【大意】 汉朝建立政权并且想把国家治理好，到现在已经七十多年了。如今，我们不如回头来进行改革，改革了有利于更好地治理国家，国家治理好了，灾害就会一天天消除，福禄也就会一天天到来。《诗经》上说：“适合于民，适合于人，就会得到上天给予的福禄。”为政措施能适合百姓的需求，自然会得到上天给予的福禄。

【简评】 个人苟安一时，将使自身缺乏进取，陷入沉沦；国家墨守成规，将使国力衰疲，积贫积弱。大胆革新，与时俱进，才是国富民强的动力和手段。而革新的最终目标则是满足广大人民的根本利益。

天之生人也，使人生义与利，利以养其体，义以养其心，心不得义不能乐，体不得利不能安。(《春秋繁露·身之养重于义》)

【大意】 人类诞生之后，就产生了义与利的观念，“利”用来滋养人的身体，“义”则用来滋养人的内心。内心得不到“义”的滋养就不会快乐，身体得不到“利”的滋养就不会安适。

【简评】对义与利关系的思考，不但是中国传统政治思想的重要组成部分，在市场经济全球化的今天更有突出的时代意义。

仁而不知，则爱而不别也；知而不仁，则知而不为也。故仁者所以爱人类也，智者所以除其害也。（《春秋繁露·必仁且智》）

【大意】只有仁德而没有智慧，那么在施爱于人时就不能分辨好坏；只有智慧而没有仁德，那么智慧就不能发挥大的用处。所以仁者怀抱仁爱感化别人，智者利用智慧辨析利害。

【简评】从政者完美人格体现于仁与智的统一。关于这一思想，董仲舒还以“操利兵”“乘良马”的生动比喻，作了分析。没有仁，只有智，就犹如“狂而操利兵”，容易做出坏事来；没有智，只有仁，就会像“迷而乘良马”，达不到目的。

诸葛亮论为官

诸葛亮（181—234），字孔明，徐州琅琊阳都（今山东沂南）人，三国时期蜀汉丞相，中国历史上著名的政治家、军事家。

东汉末年，诸葛亮居荆州以避战乱。其间，他晴耕雨读、广结名士，自诩有管仲、乐毅之才。后受刘备“三顾茅庐”之邀而出仕，在促成孙刘联盟和建立蜀汉政权上起到了决定性的作用。刘备死后，诸葛亮受托孤重任，辅佐后主刘禅，他先后五次率军北伐曹魏，在第五次北伐时病逝于五丈原，追谥为忠武侯。

丰富的政治军事实践使诸葛亮在治国、治军、内政、外交等方面均有极高的造诣。他著述颇丰，有《诫子书》《出师表》《便宜十六策》等，其中关于从政为官的箴言警句被广为传诵，影响深远。

夫君子之行，静以修身，俭以养德。非淡泊无以明志，非宁静无以致远。夫学须静也，才须学也。非学无以广才，非志无以成学。淫慢则不能励精，险躁则不能冶性。(《诫子书》)

【大意】 德行高尚的人，依靠内心的宁静来修养身心，依靠俭朴的作风来培养品德。不淡泊名利就不能明确自己的志向，不宁静安稳就不能实现远大的理想。学习必须静下心来，增长才干必须刻苦学习。不努力学习就不能增长才干，不明确志向就不能在学习上有所成就。过度享乐和怠惰散漫则不能振奋精神，轻薄浮躁则不能陶冶性情。

【简评】 内心宁静方能戒骄戒躁，内心淡泊方能含英咀华，内心开阔方能登高临远。面对自己肩负的职责和使命，每个人都应当具备一种清明清廉、自律自控的修养和不以物喜、不以己悲的襟怀。

夫志当存高远，慕先贤，绝情欲，弃疑滞，使庶几之志揭然有所存，恻然有所感；忍屈伸，去细碎，广咨问，除嫌吝，虽有淹留，何损于美趣，何患于不济。(《诫外甥书》)

【大意】 一个人应当有高尚远大的志向，仰慕古圣先贤，断绝贪欲，不要犹豫不定，使先贤的志向在自己身上显著地得到存留，在自己内心深深地引起震撼；要能屈能伸，不拘泥于琐碎之事，广泛地向他人请教，去除猜疑和吝啬，这样即使受到挫折也不会损害到自己高远的志向，更不必担心达不到理想的目标。

【简评】 有志者事竟成。远大的志向让我们站得更高、看得更远，促使我们锐意进取、孜孜以求，帮助我们成就事业、实现理想。

知人之道有七焉：一曰问之以是非而观其志，二曰穷之以辞辩而观其变，三曰咨之以计谋而观其识，四曰告之以祸难而观其勇，五曰醉之以酒而观其性，六曰临之以利而观其廉，七曰期之以事而观其信。(《将苑·知人性》)

【大意】 了解一个人的本性有七种方法：一是向他提出大是大非的问题，从而观察他的志向；二是通过出其不意的言语，以观察他应对突发问题的能力；三是向他咨询计谋，以便了解其学识的广窄；四是告诉他大祸临头，以考察他的胆识和勇气；五是利用喝酒的机会，使他大醉，以便观察他的本性；六是用利益来诱惑他，以观察他是否清廉；七是把重要的事情交给他去做，以考察他是否值得信任。

【简评】 识人是用人的前提。诸葛亮本人虽与我们渐行渐远，但其“七观识人法”的借鉴意义却与日俱增。

诚宜开张圣听，以光先帝遗德，恢弘志士之气；不宜妄自菲薄，引喻失义，以塞忠谏之路也。(《前出师表》)

【大意】 应该广泛地听取群臣的意见，将先帝遗留下来的美德发扬光大，弘扬志士们的气概；不应过分看轻自己，说不恰当的话，以致堵塞臣子忠言劝谏的道路。

【简评】“广开言路”不仅是古代明君贤相的治国之道，也在当今群众路线的开展中扮演着十分重要的角色。兼听则明、偏听则暗，在决策之前还须广征民意、广纳贤言。

势利之交，难以经远。士之相知，温不增华，寒不改叶，能四时而不衰，历险夷而益固。(《论交》)

【大意】建立在权势和名利上的交往，是难以持久的。有修养的人彼此深交而心灵相通，就好比花木一样，温暖时也不会多开花，寒冷时也不会改变叶子的颜色，能够经历一年四季而不衰败，历经艰险却日益牢固。

【简评】古往今来，人们都把结交善友、获得纯真的友谊视为人生的一大幸事。什么是真正的朋友呢？《庄子》中说“君子之交淡若水”，诸葛亮说“温不增华，寒不改叶”，不同的言语却有着相同的旨趣。

欲思其利，必虑其害；欲思其成，必虑其败。（《便宜十六策》）

【大意】想要谋求某件事的好处，必须先考虑到它的坏处；想要谋求某件事情的成功，必须先考虑它的失败。

【简评】事情都有对立的两面，需要辩证地加以分析。面对改革攻坚阶段出现的各种新情况、新问题，我们应坚持科学的辩证思维，全面、系统、灵活、具体地思考问题、开展工作。

不爱尺璧而爱寸阴者，时难遭而易失也。（《兵要》）

【大意】不喜欢一尺长的璧玉而爱一寸的光阴，是因为时间难以倒转且很容易失去的缘故。

【简评】在时间面前，我们留下了什么，又失去了什么，值得深思。

魏徵论为官

魏徵（580—643），字玄成，谥文贞，唐代著名政治家、文学家、史学家，以直言敢谏著称，是中国历史上著名的谏臣。

魏徵原为太子李建成的僚属。“玄武门之变”后，唐太宗因欣赏他的胆识与才能，将其任为谏官，经常引入内廷，询问政事得失。魏徵也竭诚辅佐，知无不言，犯颜直谏达二百余次。魏徵去世后，唐太宗思念不已，对侍臣说："人以铜为镜，可以正衣冠；以古为镜，可以见兴替；以人为镜，可以知得失。魏徵没，朕亡一镜矣！"

见可欲，则思知足以自戒；将有作，则思知止以安人；念高危，则思谦冲而自牧；惧满溢，则思江海下百川；乐盘游，则思三驱以为度；忧懈怠，则思慎始而敬终；虑壅蔽，则思虚心以纳下；想谗邪，则思正身以黜恶；恩所加，则思无因喜以谬赏；罚所及，则思无因怒而滥刑。（《谏太宗十思疏》）

【大意】 遇到自己想要的东西时，就想到知足以警戒自己；要大兴土木时，就想到适可而止以使百姓安宁；考虑到地位高随时会有危险时，就想到要谦虚，并加强自身修养；担心自己会骄傲自满时，就想到江海之所以广大，是因为能够容纳百川的缘故；沉溺于巡游狩猎时，就想到每年只有三次的限度；担心自己意志松懈时，就想到要善始善终，持之以恒；忧虑会受蒙蔽时，就想到要虚心接纳下属的意见；担心会遭到谗言时，就想到端正自身以斥退小人；实行赏赐时，就想到不要因一时高兴而奖赏不当；施加惩处时，就想到不要因一时盛怒而滥用刑罚。

【简评】 在贞观之治的局面下，如何做到居安思危？魏徵提醒唐太宗要做到"十思"，包括对物质的欲望、对功业的满足、对政务的处理、对下情的了解、对赏罚的行使等十种情形，告诉太宗遇到这些问题应该如何做，怎样才能避免错误。如果能做好这十个方面，便可以垂衣拱手，安然而治。

若徒爱美锦，而不为民择官，有至公之言，无至公之实；爱而不知其恶，憎而遂忘其善。徇私情以近邪佞，背公道而远忠良，则虽夙夜不怠，劳神苦

思，将求至理，不可得也。（《贞观政要·择官》）

【大意】 如果只喜欢夸夸其谈、徒有仪表的人，而不能脚踏实地为百姓选拔好的官员，那么就会只有公正的言辞，而没有公正的事实；对所喜爱的人就看不见他的缺点，对所憎恶的人就忘记了他的优点。徇私情去亲近奸邪的小人，背离公道而疏远贤良的忠臣，一旦如此，即使夜以继日地操劳，冥思苦想，希望国家大治，也是不可能做到的。

【简评】 任人唯贤是贞观之治的一项重要内容，也是贞观之治赖以实现的基本保证。无论古今，在选拔官员时都要做到全面客观地考量，绝不能被个别领导的好恶所左右。

言而不行，言无信也；令而不从，令无诚也。不信之言，无诚之令，为上则败德，为下则危身。虽在颠沛之中，君子之所不为也。（《贞观政要·诚信》）

【大意】 话说出来却做不到，是言而无信；政令颁布了却不被遵行，是因为没有诚意。不守信用的言语，没有诚意的政令，对于国君而言会败坏其道德名声，对于百姓来说则会招致杀身之祸。因此，即使身不由己，处境艰难，君子也不会做有失诚信的事情。

【简评】 几千年来，一诺千金的佳话不绝于史，战国魏文侯冒雨期猎，三国卓公行千里赴约，为后世树立了诚信的典范，为政者能学其一二，何愁百事不举。

守之则易，取之实难。既能得其所以难，岂不能保其所以易？其或保之不固，则骄奢淫佚动之也。慎终如始，可不勉欤！（《贞观政要·刑法》）

【大意】 相对而言，守住国家社稷较为容易，取得国家社稷实在艰难。既然已经取得了艰难的，难道还保不住容易的吗？如果有人不能牢牢地保住，那就是被骄奢淫逸所动摇的缘故。要像开始时那样谨慎直到最后，怎能不时刻努力呢！

【简评】“奢靡之始，危亡之渐”，古今皆然。

王安石论为官

王安石（1021—1086），字介甫，号半山，抚州临川（今江西抚州）人。北宋著名文学家、思想家、政治家、改革家。

王安石文思敏捷，擅长诗词文赋，名列唐宋八大家，堪称一代文宗。在政治上，王安石清正廉洁，勤于政务。他多次上疏皇帝，痛陈当朝弊政，力主改革。熙宁二年（1069），宋神宗采纳了王安石的主张，相继推行了均输法、青苗法、农田水利法等新法；并改革了官制、军制和科举制度，进行了一场长达十余年的变法运动。

“王安石变法”虽然最终失败，却在一定程度上缓解了北宋积贫积弱的局面，特别是其执政理念和改革精神颇为后人所景仰。

天变不足畏，祖宗不足法，人言不足恤。（《宋史·王安石传》）

【大意】 自然界的灾异不必畏惧，前人制定的法规制度不能盲目效法，对人们的流言蜚语不必顾虑。

【简评】“三不足”精神是对王安石变法思想的概括，也是对中国古代改革思想的总结和升华，体现了改革者的胆识和勇气。今天，随着改革向纵深推进，更需要人们不断解放思想，以突破精神、献身精神，积极投身到改革创新的实践中去。这正是“三不足”精神所具有的现实意义。

博询众庶，则才能者进矣；不有忌讳，则谠直之路开矣；不迩小人，则

谗谀者自远矣；不拘文牵俗，则守职者辨治矣；不责人以细过，则能吏之志得以尽其效矣。(《兴贤》)

【大意】 广泛征求大家的意见，有才能的人就能被提拔；没有忌讳的事情，人们就敢于直言进谏；不亲近小人，那些进谗阿谀之人就会被疏远；不拘泥于行政细节，不受制于世俗之见，那么主管部门就能够明晰地处理事务；不挑别人的小毛病，那么有能力的基层官吏就可以尽心做事并达到理想的效果。

【简评】 改革需要有力的人才支撑。要广泛征求社会意见，形成开放的人才引进机制；还要公平公正，严谨而不拘泥，严格而不苛责。唯此，方能使能人“尽其效”。

一陂春水绕花身，花影妖娆各占春。

纵被东风吹作雪，绝胜南陌碾成尘。(《北陂杏花》)

【大意】 池塘中的春水环绕着杏花，花与水中的倒影各有千秋。纵使被春风像雪一样吹落，也胜过落在南边集市上被碾作尘土。

【简评】 杏花志洁行芳，品格不俗，花格就是诗人的人格。面对诱惑和逆境，须严保自省修德的操守。

豪华尽出成功后，逸乐安知与祸双？（《金陵怀古四首》)

【大意】 功成名就之后往往铺张奢侈，有谁知道安逸享乐常会伴随祸患的到来?

【简评】 历史上因骄而奢、由奢而亡的例子，不胜枚举。所谓“历览前贤国与家，成由勤俭败由奢”。艰苦奋斗是我党的优良传统，在任何时候都不能丢。有个贪官忏悔道：“人生没有彩排，贪欲需要付出自由乃至生命的代价；直到身陷囹圄，我才倍感廉洁和自由的弥足珍贵。”

自古驱民在信诚，一言为重百金轻。(《商鞅》)

【大意】自古以来，管理百姓需注重取信于民，一句话的分量往往重于黄金百斤。

【简评】人无信不立。加快社会信用体系建设，让失信者寸步难行，让守信者一路畅通。

苏轼论为官

苏轼（1037—1101），字子瞻，号东坡居士，眉州眉山（今四川眉山）人，北宋文坛巨擘。

苏轼天资颖悟，学识渊博，诗、文、书、画皆有极高造诣。其诗词舒洒隽永、铿锵豪迈，开创豪放派一代词风；其文章汪洋恣肆，通彻畅达，跻身“唐宋八大家”之列；其书法行楷双绝，舒放跌宕，堪称“宋四家”之首；其绘画自然尚简、传神写意，由他首倡的“士人画”概念对后世影响深远。

在仕途方面，苏轼进士出身，官至翰林学士。他为官清正廉洁、勤政为民、政绩卓著，所到之处，百姓无不爱戴感念。但因其政见不容于朝廷，屡遭贬黜，甚至被捕入狱。苏轼一生宦海沉浮，在诗词文赋中亦多有反映其政治观点与为官理念的文字，这些作品被编入《苏文忠公全集》。

古之立大事者，不唯有超世之才，亦必有坚忍不拔之志。(《晁错论》)

【大意】自古以来成就大事业的人，不仅要具有高于世人的才能，更要具有坚定的志向与顽强的毅力。

【简评】人们常说，成功等于一分天才加九十九分汗水。苏轼承认人与人之间才能的差异，却不唯天才论。他认为超世之才仅仅是成功的条件之一，更重要的是志向和毅力。

见义勇发，不计祸福。(《陈公弼传》)

【大意】遇到合乎正义的事情就要勇敢地去做，不要过多地计较个人的得失或安危。

【简评】早在春秋时期，孔子就说过："见义不为，无勇也。"此处的"见义勇发"与此同义，都是用来形容在关键时刻挺身而出，为坚持"义"而置个人利益于不顾的人。对于从政者而言，此处的"义"，是国家之义、民族之义、人民之义。在国家、民族和人民的利益面前，应当秉承"苟利国家生死以，岂因祸福避趋之"的报国情怀，不计个人得失，勇往直前。

其择人宜精，其任人宜久。(《策别》)

【大意】选拔人才应当精细，任用人才应当长久。

【简评】这是苏轼对选人用人的见解。选拔人才应当精心细密，否则就会误选庸才；人才既已选出，任用时间就要长久一些，使其有充分的时间一展才能。

易以理服，难以力胜。(《两浙转运副使孙昌龄可秘阁校理知福州》)

【大意】与人相处，易于用道理使其信服，难以用权力或武力使其屈服。

【简评】不论是上级对待下级，还是干部对待群众，抑或是普通人之间相处，只有以理服人，才能得到对方的理解、信任与支持；若一味以权力或暴力相威逼，则只能令对方顺从一时，终不能使其信服一世。以理服人、以德服人的深意正在于此。

有所取必有所舍，有所禁必有所宽。（《策别》）

【大意】 想要获取，就一定要有所舍弃；想要禁止，就一定要有所宽宥。

【简评】 事物有正反两面，形成相互对立而又相互转化的辩证关系，取与舍、禁与宽都是如此。凡事不可能尽得，必有所舍弃；正因为有所舍弃，才能够集中精力去争取想要得到的。凡事不可以都禁，必有所宽宥；在一张一弛之间，才能循序渐进，最终控制住局面。工作和生活中都是如此，要有全局观念，衡量得失，选择取舍，以免失之偏颇。

有莠则锄，有疾则医。（《祭司马君实文》）

【大意】 有了杂草就应当坚决铲除，有了疾病就应当尽快治疗。

【简评】 社会中的不正之风犹如杂草，好似病灶，需要及时清理、彻底医治，切莫坚持错误、讳疾忌医。党的群众路线教育实践活动中提到的“治治病”，就是要坚持惩前毖后、治病救人的方针，找准病灶，对症下药，对作风方面存在问题的党员干部进行教育提醒，对问题严重的进行查处和治理。

守道而忘势，行义而忘利，修德而忘名。（《文与可字说》）

【大意】 要坚守道义而忘却权势，要躬行仁义而忘却私利，要修洁品德而忘却浮名。

【简评】 时时处处做到如上三点主张诚非易事，但把它作为为人处世的原则和规范自身行为的标准而谨记心头，对于从政者培养个人道德品质与情操修养是不无裨益的。

我愿天公怜赤子，莫生尤物为疮痏。（《荔枝叹》）

【大意】 我愿上天怜悯这些百姓，不要再生出珍奇的东西而给人民带来灾难了。

疮痏（wěi）：疮疡，这里借指灾害。

【简评】 在古代，荔枝因味道鲜美而作为贡品供皇家享用，但它极难保鲜，需要马不停蹄地从产地运往宫廷，驿马、驿卒累死无数，劳民伤财。为此，苏轼仰天长叹，情愿世间没有荔枝这类果中“尤物”，以免百姓为其所累。此诗反映了作者对民生疾苦的关心。民生问题古今同一，为官“不求官有多大，但求无愧于民”。无愧于民，就是要关注百姓疾苦，尽全力为人民谋求福祉。

朱熹论为官

朱熹（1130—1200），字元晦，又字仲晦，号晦庵。祖籍徽州婺源（今江西婺源），生于南剑州尤溪（今福建尤溪）。南宋著名哲学家、思想家、教育家，闽学派代表人物，被尊称为朱子，后人视其为儒学宗师。

朱熹五岁开蒙，十八岁举乡贡，十九岁中进士，三十一岁拜程颐三传弟子李侗为师，潜心于儒学。他在继承程颢、程颐学说的同时，又独具创见，最终形成了一套完备的学术体系——“程朱理学”。

朱熹曾任地方官九年，又赴朝廷侍讲，官至宝文阁待制兼秘阁修撰。任官期间，他恤民省赋、节用轻役，限制土地兼并与高利贷盘剥，将其理学思想付诸政治实践。

朱熹一生著述颇丰，涉及各个领域，其中《四书章句集注》一书，对儒学的发展做出了重要贡献。而后人编辑而成的《朱子语类》等，也较为全面地反映了他的哲学思想与政治主张。

常窃以为亘古亘今，只是一理。顺之者成，逆之者败。固非古之圣贤所能独然，而后世之所谓英雄豪杰者，亦未有能舍此理而得有所建立成就者也。(《朱文公文集》)

【大意】 我认为自古以来，治国之道就蕴含在“天理”之中。顺应“天理”方能成功，违背“天理”必将失败。不仅古代圣贤能依照此道治国，后世所谓英雄豪杰，也没有能舍弃此道而有所建树和成就的。

【简评】 朱熹的政治思想，将通贯古今的“天理”视为治世的基本原则。“天理”包含有合乎客观规律的自然法则之义。像朱熹说：“理也者，形而上之道也，生物之本也。”就是说，“理”是物体之所以形成的法则和规律。新时代的今天，我们制定政策法规，也要顺应客观规律，从而推动社会的发展。

内无妄思，外无妄动。(《朱子语类》)

【大意】 心中没有胡思乱想，行为上就不会轻举妄动。

【简评】 人的行为受思想支配，错误的行为均有其思想根源。何为“妄思”，何为“妄动”，在不同的时代有着不同的理解。面对当今时代日益增多的诱惑，从政者更应调整心态，慎重对待手中的权力，以免因“妄思”而“妄动”。

半亩方塘一鉴开，天光云影共徘徊。问渠那得清如许，为有源头活水来。(《观书有感》)

【大意】半亩大的池塘像一面镜子展现在眼前，天空的光彩和浮云的倒影都在池中游移。要问那方池水为何会这样清澈，是因为源头处有活水源源不断地流出来。

【简评】朱熹不仅注重义理文章，也常借诗词抒怀言志。这首诗意在表明只有不断从生活中汲取营养，不断更新知识，才能取得新的进步。辩证唯物主义认为，人的认识应该随着实践的深入而不断扩展和向前推进。只有不断学习，时时补充新的知识，才能保持“清如许”的心境，不被环境所污染，不被时代所淘汰。

无信则虽生而无以自立，不若死之为安。故宁死而不失信于民。(《四书章句集注》)

【大意】人若不讲信用，即使活着也无法立足于世上，那还不如死去，反倒落得安宁。所以宁死也不要失信于人民。

【简评】在朱熹看来，诚信是人最宝贵的品质，是立身处世的根本。同时，在儒家德政观的影响下，朱熹也深刻地认识到诚信对于为政和立国的重要意义。在国与民之间，诚信是最好的纽带，是维护社会安定、巩固国家政权的前提和保证。

人有耻，则能有所不为。(《朱子语类》)

【大意】人有了廉耻之心，那些不该做的事情就不会去做了。

【简评】源远流长的中华文明，蕴育了中华民族宝贵的精神品格，讲究廉耻就是其中之一。一个人有了廉耻之心，才能心有所畏、行有所止。

官无大小，凡事只是一个“公”字。若公时，做得来也精彩；便若小官，人也望风畏服。若不公，便是宰相，做来做去，也只得个没下梢。(《朱子语类》)

【大意】官员不论职位高低，做事时都要秉承“公”这个字。如果公正廉明，即便是基层官员也会让人敬重佩服；如果不能做到公正廉明，即便是宰相这样的高官，最终也不会有好收场。

【简评】权为公用，可造福社会，留下美名；权为谋私，则贻害社会，身败名裂。朱熹的这番话，不仅说明了权力的双面性，同时也向我们揭示了应该怎样面对和运用手中的权力，那就是：“公权为民，一丝一毫都不能私用。”

仕宦只是廉勤自守。进退迟速自有时节，切不可起妄念也。（《朱文公文集》）

【大意】为官应当廉洁勤奋、保持操守。职位的高低、事业的起伏都要顺应时势，切不可对此抱有虚妄不当的念头。

【简评】朱熹认为，清廉、勤勉和谨慎是为官的本分。他对清廉的要求主要体现在两个方面：一是不能贪财，二是重视自守。从政就应注重如何做好本职工作，而不应过分计较个人利益的得失，特别是不能产生偏离本分的邪念。

王阳明论为官

王守仁（1472—1529），字伯安，号阳明子，因此又称王阳明，浙江余姚人，明代著名思想家、哲学家、教育家、军事家，官至南京兵部尚书、都察院左都御史，得封“新建伯”，谥文成。

王阳明于学术上开宗立派，创立了以“致良知”为主旨的心学，影响明代思想界达百余年之久，更在明清之际掀起了一股启蒙思潮。可贵的是，王阳明不但是学界宗师，而且以其非凡的执政能力享誉士林。他曾先后在南北两京的刑部、兵部、都察院等重要部门任职，又以南赣巡抚的身份派驻地方。为官期间，王阳明廉洁奉公、恪尽职守、体恤百姓，因功受封伯爵，成为一代名臣。

大抵天下之不治，皆由有司之失职；而有司之失职，独非小官下吏偷惰苟安侥悻度日，亦由上司之人，不遵国宪，不恤民事，不以地方为念，不以职业经心，既无身率之教，又无警戒之行。是以荡弛日甚，亦宜分受其责可矣。（选自《知行录》）

【大意】大致说来，如果国家治理得不好，那么都是由于政府的失职；而政府的失职，并非基层小官懒惰怠政、苟且度日，也是由于上层官员不遵行国家法度、不体恤民情、不以地方百姓为念、不恪尽职守，他们既不能以身作则，又不能自戒自省。所以一旦社会动荡、制度废弛，大小官员都难脱其咎。

【简评】勤政不但需要基层官员切实践行，更需高层官员以身作则，率先垂范。

身可益民宁论屈，志存经国未全灰。正愁不是中流砥，千尺狂澜岂易摧！（选自《静心录》）

【大意】多行利民的善政，哪怕自身受屈；保有治国的抱负，怎肯灰心丧志。只愁不是国家的中流砥柱，面对困难险阻岂能轻易退缩！

【简评】有无担当精神，是衡量干部素质高低的一个重要标尺。敢于担当就要不怕受委屈，不怕遭遇困难。领导干部既要“怕出事”，更要“不怕事”。

以不忍人之心，而行不忍人之政，则虽茅茨土阶，固亦明堂也；以幽、厉之心，而行幽、厉之政，则虽明堂，亦暴政所自出之地邪。（选自《传习录》）

【大意】 以体恤百姓的仁德之心来施行仁政，即便是在茅草做屋顶、泥土砌台阶这样简陋的房屋中执政，也仿佛身处明堂（古代帝王所建最隆重的建筑物，是举行朝会、祭祀、庆典的场所）中一样；若以周幽王、周厉王的残暴之心来施政，即便是明堂，也变为产生暴政的场所了。

【简评】 王阳明从政后期，正值皇帝大兴土木。他在给朋友的书信中谈到国家兴亡在于是否行仁政、存百姓，宫殿坛庙的兴修，即便有冠冕堂皇的理由，也于国计民生毫无裨益。

君子之致权也有道，本之至诚以立其德，植之善类以多其辅；示之以无不容之量，以安其情；扩之以无所竞之心，以平其气；昭之以不可夺之节，以端其向；神之以不可测之机，以摄其奸；形之以必可赖之智，以收其望。坦然为之，下以上之；退然为之，后以先之。是以功盖天下而莫之嫉，善利万物而莫与争。（选自《静心录》）

【大意】 君子对待权力应遵循一定的准则。要用至诚之心来树立威德，并扶植仁善之人以为辅弼；要用包容的心胸来安定人心；用不争心境来平和人气；用不可动摇的气节来端正方向；用神妙的机宜来震慑奸邪；用值得信赖的智慧来收获众望。为官坦然，不计官位；行事谦退，不争先后。如果这样，就能功高盖世而不遭怨嫉，利于万物而不惹纷争。

【简评】 王阳明认为，即使对于“君子”而言，权力也不能随意滥用。因为权力始终是一把“双刃剑”，正确行使权力，则能富国兴邦、造福百姓；权力遭到滥用，则会祸国殃民、害人害己。

为子而谦，斯能孝；为弟而谦，斯能悌；为臣而谦，斯能忠。尧舜之圣，只是谦到至诚处，便是允恭克让、温恭允塞也。（选自《悟真录》）

【大意】 为子谦虚，就能做到孝；为弟谦虚，就能做到悌（敬爱兄长）；为臣谦虚，就能做到忠。尧和舜之所以成为圣人，就是谦虚到了至诚的境界，那便是诚实、恭敬又能谦让，面露温和之色和恭逊之容。

【简评】 王阳明提倡为人要“谦”，他还说过：“人生大病，只是一‘傲’字。”提倡谦虚，是中国古代思想家一贯坚持的立场，也是为官的重要品德之一。

人臣于国家之难，凡其心之可望，力之可为，涂肝脑而膏髓骨，皆其职分所当。（选自《顺生录》）

【大意】 作为人臣，如遇国家有难，凡是能够想到、做到的事情就要尽力为之，纵使肝脑涂地、粉身碎骨，也属分内之责。

【简评】 从古至今，为官从政都讲忠诚。今天所说的忠诚，就是要对国家、对民族、对人民真心诚意，尽心尽力。

志不立，天下无可成之事，虽百工技艺，未有不本于志者。志不立，如无舵之舟，无衔之马，漂荡奔逸，终亦何所底乎？（选自《教条示龙场诸生》）

【大意】 人若不树立志向，天下就没有能够做成的事情，即使是各种工匠的技艺，也都是凭靠志气最终学成的。一个人不树立志向，就好像没有舵的船只，没有缰绳的野马。船只任意飘荡，野马放肆奔跑，最终能到何处去呢？

【简评】 立志是事业成功的根本，志向的大小在某种程度上也决定了个体成就的大小。王阳明所说的“志”，相当于现代人所讲的理想。理想是一个人成功的指向标，为官从政，也要从树立远大的政治理想开始。

林则徐论为官

林则徐（1785—1850）是福建侯官（今福州市）人，近代著名政治家，进士出身，累官至湖广总督。道光十八年（1838），林则徐受命为钦差大臣，赴广东查禁鸦片，同时积极组织海防，多次击退英帝国主义的进攻，成为禁烟运动的领袖。鸦片战争失败后，林则徐被革职戍边。谪居伊犁期间，他投身屯垦事业，推动边区经济发展，巩固了西北边防。

作为晚清开明官员的代表，林则徐摒弃了“天朝上国”的骄妄情绪和闭关锁国的保守思想，勇于革新，积极学习国外先进技术，曾译辑《四洲志》一书，介绍国外地理、历史、政治情况，被誉为近代中国“开眼看世界的第一人”。

林则徐有众多文章、诗词存世，其间多显露出忧时悯民的情怀，颇具进取精神和批判意识。

海纳百川，有容乃大；壁立千仞，无欲则刚。（《以格言题厅事》）

【大意】 大海因为有宽广的度量才容纳了成百上千的河流，高山因为没有钩心斗角的凡世杂欲才如此高峻挺拔。

【简评】“有容乃大”源自《尚书·君陈》：“有容，德乃大。”到了明代，大臣袁可立在河南睢州“弗过堂”中曾写下“受益唯谦，有容乃大”的自勉联。清代林则徐又题写对联“海纳百川，有容乃大；壁立千仞，无欲则刚”。从此“有容乃大，无欲则刚”成为家喻户晓的名句，流传至今。“有容”要求人们具有宽广的胸怀和宽容的性格，“无欲”则强调要克制一己之私，以求淡泊明志、常葆清节。有容与无欲，既是古时官员的励志与自勉，也是现代从政者应该借鉴的宝贵经验。

存心不善，风水无益；父母不孝，奉神无益；兄弟不和，交友无益；行止不端，读书无益；作事乖张，聪明无益；心高气傲，博学无益；时运不济，妄求无益；妄取人财，布施无益；不惜元气，医药无益；淫恶肆欲，阴骘无益。(《十无益格言》)

【大意】 人若不能心存善意，即便占据风水宝地也没有益处；人若不能孝敬父母，即便虔诚地供奉神灵也没有益处；人若不能与兄弟和睦相处，即便交再多的朋友也没有益处；人若不能行事正派，即便读再多的书也没有益处；人若做事执拗荒谬，即便再聪明也没有益处；人若高傲自负，即便再博学也没有益处；人若时机、运气不佳，即便再妄求也没有益处；人若通过不正当的手段得到钱财，即便再行施舍也没有益处；人若不知检点、自毁身体，即便求医问药也没有益处；人若恣意放纵、为所欲为，即便祖先积再厚的阴德也没有益处。

【简评】 “十无益”是林则徐修身自律的准则，也是他以德存世的范本。他将一些常被看作有益的行为，分别做出思辨的界定，指出在某种条件下，看似有益的事情也可能带来无益的后果。其实，人生与事业都是循序渐进的历程，谋事与成事因果相依。若想最终得到有益的结果，就不能只把眼光停留在目标上，而需要将主观愿望与客观现实相统一，迈向理想的同时不忘省身自律，时刻调整前进的方向。

子孙若如我，留钱做什么，贤而多财，则损其志；子孙不如我，留钱做什么，愚而多财，益增其过。(林则徐自撰楹联)

【大意】 子孙如果比我强，那又何必留钱财给他们呢？贤能的人，财产多了只会损害他们的意志；子孙如果不比我强，那又何必留钱财给他们呢？愚庸的人，财产多了反而会增加他们犯错的概率。

【简评】 关爱子女是人之常情，如何关爱值得深思。有人利用职权之便，为子女敛财聚富，将家庭变成了腐败的旋涡，最终不但没有惠及子女，反而殃及家庭。纵观历史，贪官敛财，从来都祸及子孙；廉官清白，往往能德荫后代。近年来官员落马的案件，很多都与子女有关，这不得不令人反思、警醒。家风连着作风，作风决定成败，领导干部应时刻绷紧“家风”这根弦，严于律己的同时，做好子女的教育工作。

观操守在利害时，观精力在饥疲时，观度量在喜怒时，观修养在纷华时，观镇定在震惊时。防欲如挽逆水之舟，才歇力便下流；从善如缘无枝之木，才住脚便下坠。（《观操守》）

【大意】 衡量一个人的操守，要看他在利害面前的抉择；衡量一个人的精力，要看他在饥饿疲惫时的表现；衡量一个人的气度，要看他在喜怒哀乐间的言行；衡量一个人的修养，要看他在纷华处境下的行为；衡量一个人的定力，要看他在意外变故时的举止。遏制欲望就如挽住逆水中的船只，稍一松劲就会失控；依从善道如攀爬没有枝杈的树木，稍一停顿就会下坠。

【简评】 自古识人、律己都属不易。人的品德修养，要在特定的环境和特殊的情况下，才能够得到最明显、最充分的体现；而遏制欲望、做善事则要持之以恒，不可半途而废。对人有清楚明了的认识，对己有贯彻始终的要求，是促成事业成功的关键。

廉吏不可为，廉吏不可为而可为！（《题彭鲁青大令冶山饯别图》）

【大意】 为官清廉守正是很困难的事，但即使难做也要坚定、努力地去做!

【简评】晚清官场腐败严重，大小官吏贿赂公行，各路衙门横征暴敛。林则徐深感在这样环境下做廉吏不易的同时，决计冲破当时官场的黑暗，以实现他经世致用的抱负和清廉为官的决心。

苟利国家生死以，岂因祸福避趋之。(《赴戍登程口占示家人》其二)

【大意】只要是对国家有利的事，即使牺牲自己的生命也心甘情愿地去做，绝不会因为自己可能受到伤害而躲避和退缩。

【简评】1842年，林则徐被充军去伊犁，途经西安，作此诗留别家人。诗人的这句话显示了他伟大的爱国精神。爱国不仅仅是句口号，更需要实际行动，体现的是爱国情怀与责任担当的统一：只有热爱祖国，才能心系人民，捍卫国家与人民的根本利益；只有勇于担当，才能在关键时刻牺牲小我，保全大我。

职之道，原以国计为最先，而国计与民生实相维系，朝廷之度支积贮无一不出于民。故下恤民生正所以上筹国计，所谓民惟邦本也。(《江苏阴雨连绵田稻歉收情形片》)

【大意】为官应以国家大计作为首要考虑的任务。但国家大计又与百姓生活息息相关，国库储备的物资钱粮无一不是出自百姓之手。因而要以体恤百姓疾苦作为谋划国家大计的基础，这就是所谓的百姓是国家的根本。

【简评】“民惟邦本”出自《尚书·五子之歌》：“民惟邦本，本固邦宁。”体现了我国传统的民本思想，也反映了执政者与人民之间相互依存的紧密关系。正因为百姓是国家的根本，民生问题作为人民最关心、最直接、最现实的利益问题，其重要性不言而喻。

曾国藩论为官

曾国藩（1811—1872），字伯涵，号涤生，谥文正，汉族，湖南人。晚清“中兴四大名臣”之一，官至两江总督、直隶总督、武英殿大学士，封一等毅勇侯。湘军的创立者。晚清散文“湘乡派”创立人。

曾国藩一生留下的著作不多，其中最有价值的是《曾国藩家书》。此书主要收录曾国藩写给四位弟弟和两个儿子的书信，曾国藩将沉浮宦海、周旋人际数十年的心得教训，写进家书，用以教导弟弟和儿子。这些家书，乃是一个政治人物对家里人说的私房话，却句句堂堂正正，字字落到实处，因此能给后来者无穷受用，也被无数后来者视为瑰宝。

管子云：“斗斛满则人概之，人满则天概之。”余谓天之概无形，仍假手于人以概之。霍氏盈满，魏相概之，宣帝概之；诸葛恪盈满，孙峻概之，吴主概之。待他人之来概而后悔之，则已晚矣。吾家方丰盈之际，不待天之来概、人之来概，吾与诸弟当设法先自概之。自概之道云何，亦不外“清”“慎”“勤”字而已。

【大意】 管子说：“斗斛满了，那么人就要把它刮平；人自满了，那么天就要把他刮平。”我说天刮平是无形的，还是要假借人的手来刮平。霍氏盈满了，由魏相刮平，由宣帝刮平；诸葛恪盈满了，由孙峻刮平，由吴主刮平。等到他人来刮平然后后悔，那就来不及了！（霍氏、诸葛恪分别为西汉和三国时期权倾一时的官僚世家，都因势力过分膨胀而被皇帝联合其他大臣剿灭；魏相是西汉著名大臣；孙峻是三国时期吴国宗室，官至丞相、大将军。）我家正在丰盈的时际，不要等天来刮平，也不要等人来刮平，我与各位弟弟应当设法自己刮平。自己刮平的道理怎么讲？也不外乎

“清”“慎”“勤”三个字罢了。

【简评】 为官者，需时时“自省”“自概”。为政清廉、谦虚谨慎、勤政耐劳，构成曾国藩的“自概”之道。这也是他“为政之德”的具体表现。

安分竭力，泊然如一无所求者，不过二年，则必为上官僚友所钦属也。

【大意】 安守本分，竭力任事，淡泊宁静如一无所求的，不超过两年，则必定会受到上司和同僚的钦佩推崇。

【简评】 居官“以耐烦为第一要义”（曾国藩语）。本分务实，不存非分之想，便是耐烦。如此踏实工作，也自然会得到应有的重视。

有应宽者二。应宽者：一则银钱慷慨大方，绝不计较，当充裕时，则数十百万掷如粪土，当穷窘时，则解囊分润，自甘困苦；一则不与争功，遇有胜仗，以全功归之，遇有保案，以优奖笼之。

【大意】 对待属下的方法，有两个方面应该宽厚：一是使用银钱之事应慷慨大方，绝不计较，当钱财充裕的时候，可以一掷数十百万，视金钱如粪土；当穷困窘迫的时候，也要慷慨解囊，分利于人，而自甘贫苦。二是不与人争功，遇到打了胜仗，要将功劳全部归于别人，遇有需要保举的事，就通过保举来优奖和笼络人。

【简评】 严于律己的同时，还要宽以待人，尤其要宽待和爱护下属，如此方能凝聚人心，开展工作。

凡仕宦之家，由俭入奢易，由奢返俭难。尔尚年幼，切不可贪爱奢华，不可惯习懒惰。无论大家小家、士农工商，勤苦俭约，未有不兴，骄奢倦怠，未有不败。

【大意】 凡是做官的家庭，由俭朴进入奢侈容易，由奢侈再返回俭朴就困难了。你年龄还小，千万不要贪图奢侈浮华，不要养成懒惰的习惯。无论大家小家、做官的、务农的、做工的、经商的，只要勤俭节约，没有不兴旺的；骄傲奢侈，懒惰懈怠，则没有不衰败的。

【简评】 为官者仅仅独善其身是不够的，还需严格管理自己的家庭，要以身作则勤俭持家，谨防家人沾染享乐主义和奢靡之风。

凡事皆有至浅至要之道，不可须臾离者，有八本之说，曰："读书以训诂为本，作诗文以声调为本，事亲以得欢心为本，养生以戒恼怒为本，立身以不妄语为本，居家以不晏起为本，做官以不要钱为本，行军以不扰民为本。"此八本者，皆余阅历而确有把握之论。

【大意】 任何事都有非常浅显非常重要的道理，必须时刻牢记的，有"八本"之说，即："读书以解释字词意思为本，作诗文以研究音律为本，侍奉父母以让父母高兴为本，保养身体以杜绝恼怒为本，在社会上待人接物以不说谎为本，居家过日子以不晚起为本，做官以不贪占钱财为本，行军以不打扰百姓为本。"这八条守则，都是我总结多年的经验教训，而得出的确有把握的结论。

【简评】 "八本"之说，重点在于"做官以不要钱为本"。从政者需明确立场，谨守本分，绝不能贪图钱财、收受贿赂。

予自三十岁以来，即以做官发财为可耻，以官囊积金遗子孙为可羞可恨，故私心立誓，总不靠做官发财以遗后人。神明鉴临，予不食言。

【大意】 我自三十岁以来，就认为靠做官来发财是可耻的，认为官宦人家积攒钱财留给子孙令人羞愧，令人憎恨，所以我内心发誓，决不靠做官发财来留给后代。神灵可以作证，我不会违背诺言。

【简评】 重申做官不图钱财的立场，与当下"当官不发财，发财不当官”之说暗合。

凡吏治之最忌者，在不分皂白，使贤者寒心，不肖者无忌惮。若犯此症，则百病丛生，不可救药。

【大意】 凡是地方长官处理问题，最怕出现的弊病，就是不分青红皂白，使好人寒心失望，使坏人肆无忌惮。如果犯了这种毛病，那就百病丛生，不可救药了。

【简评】 在施政过程中，须以明辨是非为底线，最忌不分青红皂白的昏官糊涂案。如果丧失这一底线，人心将无法挽回。